「絵を見て話せる タビトモ会話」の使い方

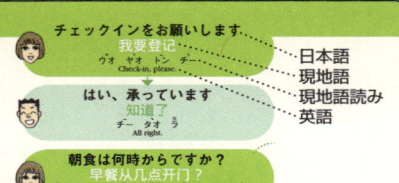

- 日本語
- 現地語
- 現地語読み
- 英語

※日本人と現地の中国人とをイラストでわかりやすく示し分けています。左側の男女が日本人、右側の男女が中国人を表しています。

大きなイラスト単語

場面状況がわかる大イラスト。イラストに描かれている個々の名称、想定される単語なども詳しく示しました。フレーズ例と組み合わせる単語としても使えます。英語も付いています。

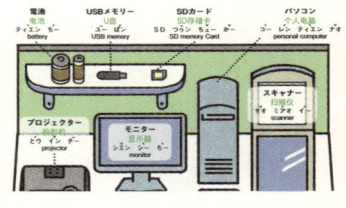

テーマ別インデックス

出張旅行、ビジネスの場面ごとに検索できるカラーインデックス。テーマごとに色分けしてあります。必要なときに、必要なところをご参照ください。

使える！ワードバンク

入れかえ単語以外で、その場面で想定される単語、必要となる単語をひとまとめにしました。ちょっと知っておくと役立つ単語が豊富にあります。

ひとくちコラム

国や地域によって異なる文化、マナーやアドバイス、中国ビジネスに関するちょっとしたノウハウなどを小さくまとめてあります。接待や商談の席で役に立つ、うんちくや豆知識などもあります。読んでおけば中国ビジネスの成功間違いなし！

はみ出し情報

知っておくと便利な情報などを欄外にまとめました。他の参照ページがあるときもチェック。

海外出張・移動 / オフィス / 接待・食事 / 取引企業訪問 / ビジネス最前線 / 伝えよう / 日本の紹介 / 知っておこう

タビトモ会話 目次

海外出張・移動

 ビジネスバッグを片手に出かけよう！ ……… 4

- とっさのひと言 ………………… 6
- 空港到着 ………………………… 8
- 出迎えを受ける ………………… 10
- 自己紹介 ………………………… 12
- タクシーに乗る ………………… 14
- ホテルのフロントで …………… 16
- ホテルの部屋で ………………… 18

オフィス

 カジュアルで広々した中国のオフィス ……… 20

- 中国の会社、組織のあらまし …… 22
- 肩書き、役職の呼び名 ………… 24
- 職場の様子 ……………………… 26
- 職場の人間関係 ………………… 28
- 文具、事務用品 ………………… 30
- 企業を取り巻く環境 …………… 32

接待・食事

 宴席を設けよう！ …… 34

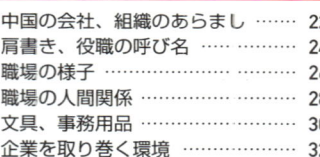

- 食事に行く ……………………… 36
- 取引先を接待する ……………… 38
- カラオケ、娯楽 ………………… 40
- 中国の料理、酒 ………………… 42
- ゴルフで接待 …………………… 44
- 中国四大料理 …………………… 46
  - 北京料理・上海料理・四川料理・広東料理

column 中国流・白酒の乾杯 ……………………………… 47

取引企業訪問

 商談に望む！ ……………… 48

- 電話でアポを取る ……………… 50
- 受付、アポイント ……………… 52
- 新製品の紹介 …………………… 54
- 会議室で ………………………… 56
- 契約交渉 ………………………… 58
- ビジネスレターの書き方 ……… 60
- インターネット ………………… 62
- 電子メール ……………………… 64
- 株主総会 ………………………… 66

ビジネス中国語

中国語 + 日本語/英語

ビジネス最前線

マンガ 生産ラインを見学しよう …………… 68

工場見学 ………… 70
建築現場 ………… 72
銀行で …………… 74
面接 ……………… 76
中国企業 ………… 78
物流・貿易 ……… 80

column 中国の政治と経済 ………… 82

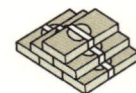

伝えよう

マンガ 筆談がある！ゼスチャーがある！ …………… 84

数字、序数 ……………… 86
時間、一日 ……………… 88
年月日、曜日 …………… 90
職業 ……………………… 92
趣味、スポーツ ………… 94
家族、友人、性格 ……… 96
自然、天候、生物 ……… 98
家庭訪問 ………………… 100
疑問詞、動詞 …………… 102
形容詞、感情表現 ……… 104
体、病気、けが ………… 106
事故、トラブル ………… 108

column 旧中国の表現には気を使おう ………… 110

日本の紹介

日本の地理 ……………………………… 112
　日本の山・日本三景・三名城 ……… 112
　日本の世界遺産 ……………………… 113
日本の1年 ……………………………… 114
日本文化 ………………………………… 116
日本の家族 ……………………………… 118
日本料理 ………………………………… 120
日本の生活 ……………………………… 122

column 中国の祭日 ………… 124

知っておこう

中国まるわかり ……………………………… 126
中国語が上達する基礎講座 ………………… 128
　標準語と方言・簡体字と繁体字・
　簡体字の8パターン ……………………… 128
　中国語の発音・有気音と無気音 ………… 129
　アクセント（四声）・中国語の基本文型 … 130
　さまざまな表現法 ………………………… 131
主な簡体字一覧表 …………………………… 134
50音順ビジネス中国語単語帳 …………… 140

とっさの ひと言

实用句
シー ヨン チュイ
Want a word or two!

1字 [1字が1句になる会話]

中国語は、表意文字の特徴をもっています。そのおかげで、1字だけでも立派な会話になるものがあります。初歩的な学習がなくても、すぐに使える「片言」でかなりコミュニケーションができます。
下記の一字一句は宿泊先のホテルでたびたび出会うケースです。使っているうちに覚えられるので、その場その場の要領をつかんでおきましょう。

どうぞ
请
ヂン
Please.

来客があり部屋に通すとき。「どうぞ、椅子にお掛けになって」というとき。お茶、食事をすすめるとき。

誰？
谁？
シェイ
Who?

ドアのノックに「どなたですか?」と問いかけるとき。かかってきた電話に「誰?」と問いかけるとき。

了解！
好！
ハオ
Yes. Yeah!

「おかげさまで元気です」と答えるとき。
「OK!」「了解!」と軽い同意の相づちをうつとき。

もっている
有
ユー
I have. We have.

「あります」「もっている」と答えるとき。

これをください
要
ヤオ
Want.

「欲しい」「必要だ」と求めるとき。お店で「これを下さい」と買い求めるとき。

おいで！
来！
ライ
Come in!

ぶしつけになるが、「こちらへいらっしゃい」の短縮表現になる。またメニューをとる時に、「これ下さい」という意味にもなる。

行こう！行け！
走！
ツォオ
Let's go! Go out!

その場にいる人に向って「さあ、行きましょう」という時。出て行けという意味で「いけ!」という言い方にもなる。

よろしい！かまわない！
行！
ジン
OK! All right!

左上の「好 ハオ」にも似てますが、「(問題があるが) それでもかまわない」といったニュアンスになります。

★ホテルの部屋での会話はP18-19にあります

2字 [2字も一句になる会話]

1字をマスターしたら、さらに2字へステップ・アップしましょう。あいさつ用語はすべて2字で、中国語での出会いを楽しむことができるようになります。
「你好ニー バオ」、「谢谢ジエ ジエ」、「再见ツァイ チエン」は誰でも知っている言葉です。習うほどのキーワードでないけれど、口に出してこそ、慣れてくるものです。習うより、慣れよ！

こんにちは
你好
ニー バオ
Good afternoon.

第3声＋第3声なので前の1字は第2声に変化し、「ニー バオ」となります。

さようなら
再见
ツァイ チエン
Good bye.

もとは「また会いましょう」という意味です。男と女の別れもこれでいきましょう。

おはよう
早安
ツァオ アン
Good morning.

後の1字は軽声。「アン」と軽く添えるように発します。

こんばんは
晚安
ワン アン
Good evening.

これも後の1字が軽声となります。

ありがとう
谢谢
ジエ ジエ
Thak you.

1字で習った「请ちン」（どうぞ）に対し、応答する場合は「谢谢ジエ ジエ」となります。これも後の1字が軽声となります。

どういたしまして
不谢
ブー ジエ
No thak you.

「谢谢ジエ ジエ」と言われたら、即座に「不谢ブー ジエ」と返せば、和やかな雰囲気になります。

了解！
好的！
バオ ト
OK! Good !

前のページの1字の時の「好バオ」と同じ使い方をしますが、「好的バオ ト」はよりしっかりした相づちとなります。

いらっしゃいませ！
欢迎！
ホアン イン
Welcome !

「歓迎する」という意味になります。「欢迎！ホアン イン欢迎！」と二度繰り返し言うことがあります。

★出会いの挨拶はP10-11にあります

空港到着

到飞机场
タオ フェイ チー ちャン
Arrival at the airport

入国審査

入国管理所（イミグレーション）では問題がなければ、質問されることは滅多にありません。入国カードの記入に不備があれば、声をかけてきますので、このページの会話に目を通しておきましょう。

 （あなたは）どこから来ましたか？
你从哪儿来？
ニー ツォン ナール ライ
Where are you coming from?

 日本から来ました
我从日本来
ヴォ ツォン リー ベン ライ
I am coming from Japan.

国際空港
国际机场
グオ チー チー ちャン
international airport

 あなたのパスポートを見せてください
请给我看你的护照
ちン ゲイ ヴォ かン ニー ト フー チャオ
Can I see your passport, please?

管制塔
机场控制塔
チー ちャン こン チー だー
airport control tower

 入国カードを記入してください
请填写入境卡
ちン ティェン ジエ ルー チン がー
Please fill out your immigration form.

入国する
入境
ルー チン
get into the country

 （あなたは）どのくらい滞在しますか？
你打算逗留多久？
ニー ダー スアン トウ リウ トゥオ チウ
How long are you going to stay?

 3日間です
3天
サン ティェン
3 Days

 （あなたは）どこへ宿泊しますか？
你要住什么地方？
ニー ヤオ チュー シェン モ ディ ファン
Where would you like to stay?

入国を許可する
准许入境
チュン シュイ ルー チン
admit someone into the country

エア・ターミナル	シティ・エア・ターミナル
航站楼	机场市内搭乘站
ハン チャン ロウ	チー ちャン シー ネイ ダー ちョン チャン
air terminal	city air terminal

入国ビザ	再入国ビザ	出入国管理
入境签证	再入境签证	出入国管理
ルー チン ちェン ツェン	ツァイ ルー チン ちェン ツェン	ちュー ルー チン コアン リー
entry visa	reentry visa	immigration control

★パスポートの残存有効期限は入国時に15日以上必要です。15日以内の観光、商用、親族訪問の場合、ビザは免除されています（2010年2月現在）

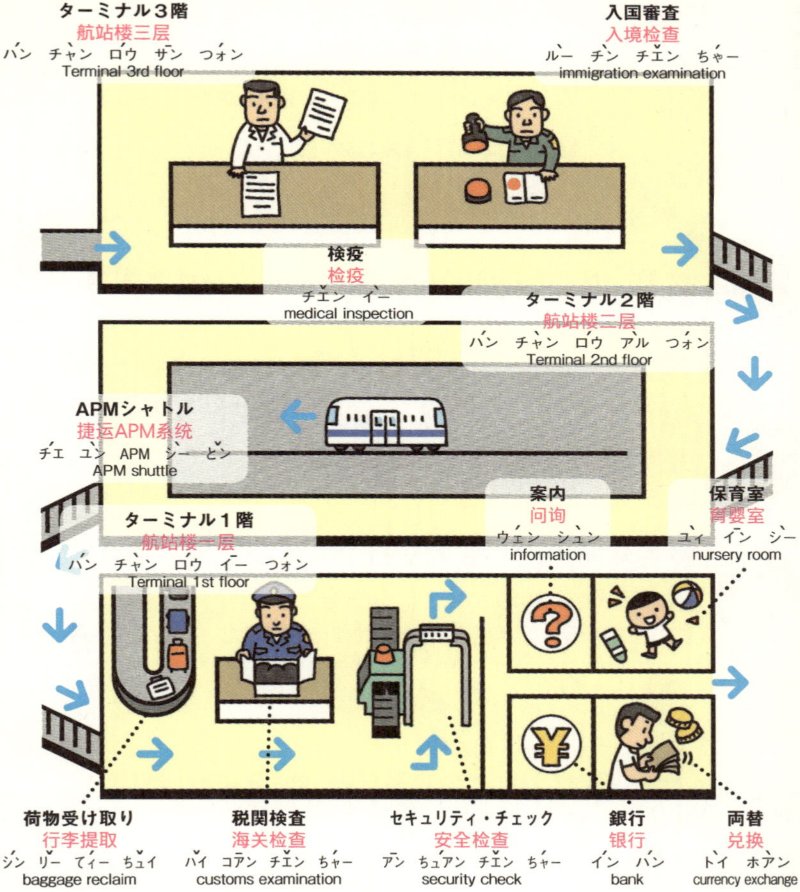

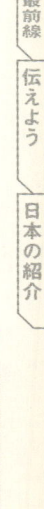

ターミナル3階
航站楼三层
バン チャン ロウ サン ツォン
Terminal 3rd floor

入国審査
入境检查
ルー チン チエン ちャー
immigration examination

検疫
检疫
チエン イー
medical inspection

ターミナル2階
航站楼二层
バン チャン ロウ アル ツォン
Terminal 2nd floor

APMシャトル
捷运APM系统
チエ ユン APM シー とン
APM shuttle

ターミナル1階
航站楼一层
バン チャン ロウ イー ツォン
Terminal 1st floor

案内
问询
ウェン シュン
information

保育室
育婴室
ユィ イン シー
nursery room

荷物受け取り	税関検査	セキュリティ・チェック	銀行	両替
行李提取	海关检查	安全检查	银行	兑换
シン リー ティー チュイ	バイ コアン チエン チャー	アン チュアン チエン チャー	イン ハン	トイ ホアン
baggage reclaim	customs examination	security check	bank	currency exchange

---

🐼 ひとくちコラム

免税の範囲
免税で持ち込めるのは、紙巻タバコ400本(滞在期間6ヶ月未満の場合)、600本(滞在期間6ヶ月以上の場合)。
酒類については、1本750ml以下のもので2本(滞在期間6ヶ月未満の場合)、4本(滞在期間6ヶ月以上の場合)。
香水は中国滞在中の個人用としての適量となります。
2万元以上の現金、US$5000相当額以上の外貨、骨董品などは入国時に申告が必要です。
(2010年2月現在)

使える！ワードバンク　空港編

パスポート	护照	プー チャオ
入国カード	入境卡	ルー チン がー
出国カード	出境卡	ちュー チン がー
サイン	签字	チエン ツー
ファーストクラス	头等舱	ドウ ドン ツァン
ビジネスクラス	商务舱	シャン ウー ツァン
エコノミークラス	经济舱	チン チー ツァン

★入国時の検疫はインフルエンザなどが流行している場合、臨時に行われることがあります。その場合、機内などで健康カードが配布されますので、到着までに記入しておきましょう

出迎えを受ける

受到迎接
ショウ タオ イン チエ
Meeting at the airport

空港出口

入国審査・税関を抜ければ、大勢の出迎えでごったかえす出口になります。出会いの言葉は「你好!ニー ハオ」が最も多く、男女の別なく握手を求められることでしょう。

はじめまして
初次见面
チュー ツー チエン ミエン
Nice to meet you, sir.

直訳すれば「初めて会う」という意。

お会いできて、たいへん幸せです
幸会, 幸会
シン ホイ, シン ホイ
I'm pleased to meet you.

久しぶりですね
好久没见
ハオ チウ メイ チエン
I haven't seen you around for a while.

お元気ですか？
你好吗？
ニー ハオ マ
How do you do?

相変わらずです
还是老样子
ハイ シー ラオ ヤン ツ
The same old, same old.

出迎えに来ていただき、ありがとうございます！
谢谢您前来接我！
シエ シエ ニン チエン ライ チエ ウォ
I appreciate your meeting at the airport!

私 我 ウォ I	私たち 我们 ウォ メン we	あなた 你 ニー you	あなたたち 你们 ニー メン you

彼 他 ター he	彼女 她 ター she	女性の三人称「她 ター」は、男女を区別する欧米の言葉に影響されて使われた字ですが、発音は男性の「他 ター」とまったく同じです。

あなた（敬称） 您 ニン you	「您 ニン」は、「あなた」を意味する「你 ニー」の敬称で初めてお会いするときや、目上の方に対して使います。	あなたたち（敬称） 您们 ニン メン you	昔は「您 ニン」の複数形はありませんでしたが、近頃は文章で使われるようになりました。

彼ら 他们 ター メン they	彼女たち 她们 ター メン they	はじめて 初次 チュー ツー first time	光栄 光荣 コアン ロン proud

★初対面の人が出迎えに来ている場合、紙に漢字で書かれた自分の名前を探すことが多いでしょう。出口付近はスリや置き引きも多いので、十分注意してください

お名前は？
您贵姓？
ニン コイ シン
May I have your name?

私は木村と申します
我叫"木村"
ウォ チアオ ムー ツゥン
My name is "Kimura".

ご紹介します
我来介绍一下
ウォ ライ チエ シャオ イー シア
I would like to introduce.

彼は楊辰といいます
他叫"杨辰"
ター チアオ ヤン チェン
His name is "Yang Chen".

この方は、私の同僚です
这位是我的同事
チョー ウェイ シー ウォ ト ドン シー
This is my coworker.

どうぞ、よろしくお願いします
请多多关照
チン トゥオ トゥオ コアン チャオ
Thanks for your help.

どうぞよろしくご指導をお願い申し上げます
敬请指教
チン チン チー チアオ
I look to you for guidance.

お名前
贵姓
コイ シン
name

紹介（する）
介绍
チエ シャオ
bring in
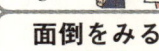

楊さん、こんにちは！
杨先生，你好！★
ヤン シエン ション ニー ハオ
Hi, Mr.Yang.

目上の人、初めての方にはさんづけを使い分けましょう。

面倒をみる
关照
コアン チャオ
care

○○さん（男性の場合）
○○先生
○○シエン ション
Mr. ○○

○○さん（女性の場合）
○○女士
○○ニュイ シー
Mrs. ○○

○○さん（年下の女性の場合）
○○小姐
○○シアオ チエ
Ms. ○○

おはよう
你早
ニー ツァオ
Good morning.

こんばんは
晚上好
ワン シャン ハオ
Good evening.

英語のMs.にあたる「小姐 シアオ チエ」という呼びかけもあり、既婚に限らず若い女性には使って下さい。

おやすみなさい
晚安
ワン アン
Good night.

🐼 **ひとくちコラム**

中国の三大名字
中国でもっとも多い姓は「李リー」さんとなり、全人口の7.9％を占めています。李さんといえば、香港の映画スターで世界的に有名な伝説の英雄がいます。そう、ブルース・リーで、李小龙（龍）リー シアオ ロンという中国名をもっています。彼は米国生まれの香港育ちですが、父親は広東省順徳市の出身です。次に多い姓は、「王ワン」さんです（全人口の7.4％）。プロ野球で世界のホームラン王となった台湾出身の王貞治ワン チェン チーがおります。三番目に多い姓は、「张（張）チャン」さんです（同7.1％）。古くなりますが、馬賊から頭角をあらわし、奉天（現在の遼寧省瀋陽）の軍閥を形成した张作霖 チャン ツオ リンがおりました。彼は奉天へ引き上げる途中、1928年に日本の関東軍に爆殺されました。李、王、张が中国の三大名字で、この3つをあわせた人口は2億7千万人（中国総人口の2割）に達します。

さようなら
再见
ツァイ チエン
Good bye.

★「你好」（こんにちは）は、時間帯に関係なく、いつでも使うことができます

自己紹介
自我介绍
ツー ウオ チエ シャオ
Self-introduction

名刺交換
ビジネスマンなら、名刺を常時携帯していることが一般的ですが、中国の場合は名刺を持たない人もよく見かけます。中国で相手が民間企業なら差し出されることがありますが、国有企業と公務員はこちらから名刺を出しても相手は出してこないことがあります。そんな時にはペンとメモを取り出して、書いてもらうようにしましょう。

自己紹介します
我来自我介绍一下
ウオ ライ ツー ウオ チエ シャオ イー シア
Please allow me to introduce myself.

私は〇〇商事の貿易部に勤める木村です
我在〇〇商事公司贸易部工作，叫"木村"
ウオ ツァイ 〇〇 シャン シー コン スー マオ イー ブー コン ツオ, チアオ ムー ツゥン
I work at 〇〇Shoji Trading dept., say "Kimura".

はじめて中国に来ました
我第1次来中国
ウオ ティー イー ツー ライ チョン グオ
This is my first time in China.

2回目です
第2次
ディ アル ツー
second time.

名刺をいただけるでしょうか
请给我您的名片
ちん ケイ ウオ ニン ト ミン ピェン
May I have your business card, please?

お名前を書いてください
请填写您的名字
ちん ティエン シエ ニン ト ミンツ

Please fill in your names.

あなたの電話番号を書いてください
请填写您的电话号码
ちん ティエン シエ ニン ト ティエン ホア ハオ マー
Please fill in your phone number.

使える！ワードバンク　紹介編

はじめて	初次 チュー ツー	会社	公司 コン スー
あなた(敬称)	您 ニン	直属部門	直属单位 チー シュー タン ウェイ
名刺	名片 ミン ピェン		
電話	电话 ティエン ホア	勤務先	工作单位 コン ツオ タン ウェイ
ファックス	传真 チョアン ツェン		
Eメール	电邮 ティエン ユー	自宅	家 チア
肩書き	头衔 トウ シエン	実家	老家 ラオ チア

ひとくちコラム
中国式あいさつ
今では見られなくなりましたが、おめでたい時の挨拶のポーズが昔からあります。片手でこぶしを作り、もう片方の手でそれを包み込み、2、3回握りこぶしを上下させるというものです。「拱手　コン　ショウ」といい、相手を敬う意味を持っています。さらに、身体をかがめて挨拶する「作揖（ツオ　イー）」があり、日本にもある「おじぎ」に近いものです。

★中国語の「先生　シエン　ション」は、日本語の「～さん」にあたる言葉です。日本語のできる中国人からいきなり「～先生」と呼ばれても驚かないように

あなたがたは日本人ですか？
你们是日本人吗？
ニー メン シー リー ベン レン マ
Are you Japanese?

はい
是
シー
Yes.

わたしたちは中国人です
我们是中国人
ヴォ メン シー チョン グオ レン
We are Chinese.

いいえ
不是
ブー シー
No.

アメリカ人 美国人 メイ グオ レン American	イギリス人 英国人 イン グオ レン British	フランス人 法国人 ファー グオ レン French

ドイツ人 德国人 ドー グオ レン German	香港人 香港人 シアン ガン レン Hong Konger	台湾人 台湾人 タイ ワン レン Taiwanese	韓国人 韩国人 ハン グオ レン<Korean

日本語ができますか？
你会讲日语吗？
ニー ホイ チアン リー ユィ マ
Can you speak Japanese?

できます
会
ホイ
Yes, I can.

できません
不会
ブー ホイ
No, I can't.

中国語は今、勉強中です
正在学习中文的
チョン ツァイ シュエ シー チョン ウエン ト
I'm studing Chinese now.

わかりません
不明白
ブー ミン パイ
I don't understand.

もう一度言ってください
请再说一边
チン ツァイ シュオ イー ピエン
I beg your perdon.

もちろん（いいですよ）
当然（行）
タン ラン
of course

英語 英语 イン ユィー English	広東語 广东话 コアン トン ホア Cantonese	上海語 上海话 シャン パイ ホア Shanghainese	フランス語 法语 ファー ユィー French

ドイツ語 德语 ドー ユィー German	韓国語 韩语 ハン ユィー Korean

🐼 **ひとくちコラム**

多様性をもつ漢民族の言葉
中国人が多い東南アジアでは中国の広東、福建の出身が多いので、中国語（標準語）というより広東語、福建語が話されています。広東語、福建語は方言ですが、その差は英語とフランス語以上の違いがあって、ほぼ外国語に近いです。

海外出張・移動　オフィス　接待・食事　取引企業訪問　ビジネス最前線　伝えよう　日本の紹介

タクシーに乗る

坐出租汽车
ヅォ チュー ヅー ヂー チョー
Take a taxi

タクシー

空港からタクシーに乗る場合、必ずタクシー乗り場に並んで乗るようにしよう。到着ロビーの出口にはタクシーの呼び込みが多いですが、白タクが多いのでご用心。

どちらへ行きますか？
到哪儿去？
タオ ナール チュイ
Where to?

建国門外まで行ってください
请开到建国门外吧
チン カイ タオ チエン クオ メン ワイ パ
Jian guo men wai, please.

ここに私が予約したホテルの名前があります
这是我来订的饭店名字
チョー シー ウォ ライ ティント ファン ティエン ミン ヅ
Here is my reserved hotel.

ホテル	ホテル（酒屋）	ホテル（酒屋）
饭店	酒店	酒家
ファン ティエン	チウ ティエン	チウ ヂア
Hotel	Hotel, Bottle store	Hotel, Bottle store

迎賓館／ホテル
宾馆
ビン コアン
Guesthouse/Hotel

酒店、酒家は本来、酒屋という意味。中国南部、特に香港のホテル名に使われ、本土でも香港スタイルでホテル名にすることが多くなりました。また、饭店、酒店、酒家の前に「大 ダー」をつけて、規模が大きいという形容で大饭店というホテルもあります。

料金はいくらぐらいかかりますか？
需要多少钱？
シュイ ヤオ トゥオ シャオ チエン
How much is the fare.

多分、30元ぐらいでしょう
大概30块钱吧
ダー カイ サン シー コァイ チエン パ
About Thirty dollars (yuan).

今、人民元を持っていません
现在，我没有人民币
シエン ヅァイ ウォ メイ ユー レン ミン ビー
I have no Renminbi Yuan (CNY) at the moment.

カードで支払えますか？
用信用卡结算，行吗？
ヨン シン ヨン カー チエ ソアン シン マ
Can I pay by credit card?

時間はどのくらいかかりますか？
要多长时间？
ヤオ トゥオ チャン シー チエン
How long is it going to take?

大体、○分くらいです
大约○分钟左右
ダー ユエ ○フェン チョン ヅォ ヨウ
about ○minutes.

使える！ワードバンク　タクシー編

タクシー	出租汽车	チュー ヅー ヂー チョー
ハイヤー／貸切タクシー	包租汽车	パオ ヅー ヂー チョー
タクシーの乗り場	出租汽车站	チュー ヅー ヂー チョー ヂャン
流しのタクシー	流动出租汽车	リゥ トン チュー ヅー ヂー チョー
(タクシーの)メーター	里程表	リー チェン ピァオ

★北京や上海ではSuicaやPASMOのようなチャージ式の磁気交通カードがあります。上海の「上海公共交通卡」は地下鉄やバスだけでなくタクシーでも利用でき、大変便利です

前の角で右に曲がってください 请在前面路口往右拐 ちǐンツǎイちィエンミǐエンルーごǒウワンユーこǎイ Please turn to right at the corner.	**近道を行ってください** 走近路 ツǒウチンルー Please take a shortcut.
ゆっくり行ってください 慢点儿走 マンティエルツǒウ Please go slow.	**急いでください** 快点儿走 こǎイティエルツǒウ Please hurry.

右 右边 ユーピエン right	左 左边 ヅǒオピエン left	後ろ 后面 ホǔウミエン backward	前 前面 ちィエンミエン front
上 上面 シャンミエン upward	下 下面 シàアミエン downward	直進する 一直走 イーヂーツǒウ go straight ahead	曲がる 拐 こǎイ turn

後退する 倒车 ダǎオチōー back away 	Uターンする 掉头 ティアオドǔウ turn around 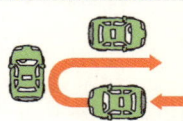

まだ、着きません 还没有到 ハǐイメǐイユーダǎオ We still have a ways to go.	間もなく着きます 块到了 こǎイダǎオラ We will soon arrive.	着きました 到了 ダǎオラ Here, we arrived.
おいくらでしょうか？ 多少 钱？ トǔオシǎオちィエン How much do I owe you?	お釣りはいりません 不要找钱 ブーヤǒオツǎオちィエン Keep the change.	荷物を下に降ろしてください 请把行李摆在下面 ちǐンバーシンリーバǐイツǎイシàアミエン Please pull my luggage down.

使える！ワードバンク　車内編

運転手	司机	ズーチー
乗客	旅客	リュǐイごー
交通カード	交通卡	チアオどンがー
窓を開ける	开窗户	がイチョアンフ
窓を閉める	关窗户	こアンチョアンフ
渋滞	堵塞	ドǔソǒー
事故	事故	シーグー

ひとくちコラム
中国のタクシー
タクシーのボディカラーは統一されておらず、タクシー会社によって異なります。上海はブルーカラーのタクシーが多いですが、例外もあります。メーターはたいてい助手席の前に付いており、「空車（ごンチōー）」を示すプレートが別にフロントガラスの内側に立っています。後部座席のドアの窓に初乗り料金のシールが貼ってあり、3キロまでが初乗りとなります。タクシーに乗ったら、必ずメーターを下ろしてもらうようにして、清算が済んだら領収書をもらうようにしましょう。

★タクシーの領収書には運賃だけでなく乗車時刻、下車時刻、乗車距離なども一緒に印字されています。出張の清算には大変便利ですが、プライベートでもよい記念になります

ホテルのフロントで

饭店服务台
ファン ティエン フー ウー たイ
At the hotel front desk

チェックインをお願いします
我要登记
ウォ ヤオ トン チー
Check-in, please.

はい、承っています
知道了
チー タオ ラ
All right.

パスポートを拝見させていただきます
请让我看看你的护照
ちン ラン ウォ かン かン ニー トー フー チャオ
Can I see your passport, please?

宿泊表にご記入ください
请填这张登记表
ちン ティエン チョー チャン トン チー ピアオ
Please fill in this form.

スパ
矿泉健康中心
クアン チュアン チエン かン チョン シン
spa

ラウンジ
咖啡厅
かー フェイ ティン
lounge

レストラン
餐厅
つァン ティン
restaurant

ビジネスセンター
商务中心
シャン ウー チョン シン
business center

売店
小卖部
シャオ マイ ブー
shop

ロビー
大厅
ダー ティン
lobby

キャッシャー
收款处
ショウ クアン チュー
cashier

フロント
服务台
フー ウー たイ
front

階段
楼梯
ロウ ティー
stair

エレベーター
电梯
ティエン ティー
elevator

スタンダードルームは、1泊いくらですか？
标准间多少钱1天？
ピアオ チュン チエン トゥオ シャオ ちエン イー ティエン
How much is the standard room charge per night?

朝食込みで、600元です
包括早餐、600块
バオ クオ ツァオ つァン リウ バイ こァイ
Six hundred yuan with breakfast.

ひとくちコラム

ホテル

予約なしの飛び込みチェックインは空いていないことがあるので、あまりお勧めできません。やむを得ず現地でホテルをさがす場合は、まず空港の到着ロビーにあるホテル案内所（饭店预定服务台ファン ティエン ユィ ティン フー ウー）で部屋を確保してから市内に入りましょう。また、日本でインターネット予約することもできます。ホテルのホームページには中国語、英語が標準になっていますが、日本語のページも多くあります。日本のネット専業の旅行社が運営するサイトでも予約することができます。日本のサイトで予約する場合、円建てのカード決済のため為替の心配がなく、出張予算が確定できます。

★JTBのホームページでも中国各地のホテルを予約することができます
www.jtb.co.jp/kaigai/htl/

海外出張・移動 / オフィス / 接待・食事 / 取引企業訪問 / ビジネス最前線 / 伝えよう / 日本の紹介

チェックインは何時からですか？
几点钟开始办理住宿？
チー ティエン チョン カイ ジー バン リー チュー スー
What time do you start check-in?

12時からです
12点钟开始
シー アル ティエン チョン カイ シー
Beginning at 12 o'clock

チェックアウトは何時ですか？
几点钟要退房？
チー ティエン チョン ヤオ とイ ファン
What time is check out?

インターネットは使えますか？
能上网吗？
ノン シャン ワン マ
Can I connect to the internet?

はい、使えます
能上网
ノン シャン ワン
It is avilable.

いいえ、使えません
不能上网
ブー ノン シャン ワン
It is not avilable.

はい、有料で使えます
上网收费
シャン ワン ショウ フェイ
You can connect with charge.

朝食は何時からですか？
早餐从几点开门？
ツァオ ツァン ツォン チー ティエン カイ メン
From what time can I have breakfast?

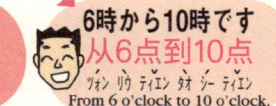

6時から10時です
从6点到10点
ツォン リウ ティエン タオ シー ティエン
From 6 o'clock to 10 o'clock.

荷物を運んでもらえますか？
请给我搬行李？
チン ゲイ ウオ バン シン リー
Could someone carry my baggage?

何階ですか？
几层楼？
チー ツォン ロウ
What floor?

22階です
22层
アル シ アル ツォン
22nd .floor.

使える！ワードバンク　ホテルフロント編

スタンダードルーム	标准间	ビアオ ツュン チエン
シングルルーム	单人间	ダン レン チエン
ツインルーム	双人间	ショアン レン チエン
スイートルーム	套间	たオ チエン
クレジットカード	信用卡	シン ヨン がー
朝食券	早餐券	ツァオ ツァン チュアン
カードキー	房卡	ファン がー
保証金/デポジット	押金	ヤー チン
ポーター	搬运工人	バン ユン ゴン レン
チップ	小费	シアオ フェイ
荷物	行李	シン リー

これ、チップです
这是小费
チョー シー シアオ フェイ
Here's a little something extra.

🐼 ひとくちコラム

ホテルでのチップ
中国のホテルでは本来チップは不要です。欧米の泊まり客がチップを出すようになってから、中国でも受け取るようになりましたが、基本的に出さなくても問題はありません。もし、大きな荷物を運んでもらったとき、面倒をかけたときには気持ちとして出すなら10元程度で十分です。外資系のホテルなどで、宿泊料にサービス料が加算されているときは、チップも含まれていると考えていいです。

ホテルの部屋で

在饭店客房
ツァイ ファン ティエン ゴー ファン
At the hotel room

ホテルの部屋で

中国のシティホテルの部屋は日本に比べ広くなっています。これは広い国土をもつ中国のいいところで、ホテルの敷地に余裕があるためです。また、ホテルの部屋ではインターネットにつなげられるところが多いです。カードキーは電磁式のロックになっているところが多く、開け方が難しい場合がありますので、案内のボーイによく確認しておきましょう。冷蔵庫の中にある物はすべて有料で、洗面所においてあるミネラルウォーターはサービスとなります。

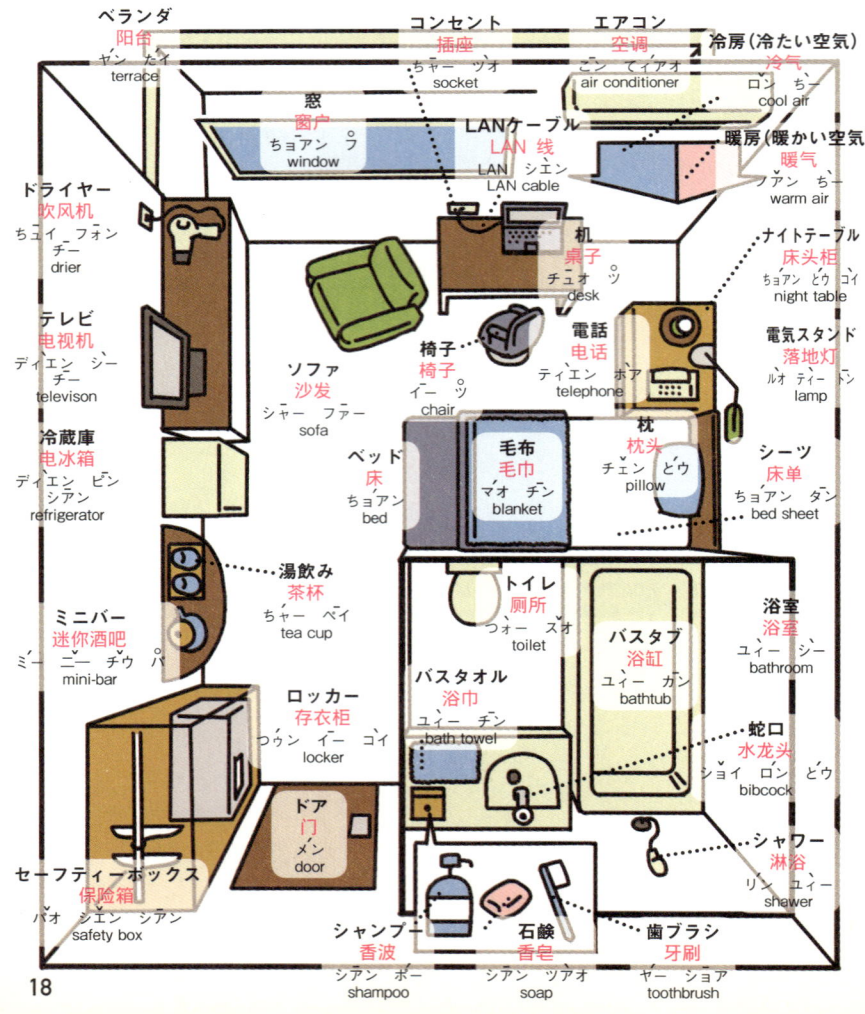

カードキーをさしこむと、ドアを開けることができます
插入房卡，就能开门
ちゃー ルー ファン がー チウ ノン がイ メン
To open the door, you must put your card key to the knob.

カードキーをさしこむと、電気がつきます
插入房卡，就可开灯
ちゃー ルー ファン がー チウ ごー がイ トン
To turn the lighting on, you must put your card key to the console.

バスルームにタオルがない
浴室没有毛巾
ユィー シー メイ ユー マオ チン
There's no towel in the bath room.

シャワーのお湯が出ない
淋浴不出热水
リン ユィ ブー チュー レー ショイ
There's no hot water from the shawer.

エアコンから冷たい空気が出ない
空调不出冷气
コン ティアオ ブー チュー ロン チー
There's no cool air from the conditioner.

トイレに紙がない
厕所没有卫生纸
ツォー ズォ メイ ユー ウェイ ション チー
Out of toilet paper.

伝言はありませんか？
有留言吗？
ユー リウ イェン マ
Is there some of message for me.

ルームサービスはありますか？
有送餐服务吗？
ユー ソン ツァン ブー ウー マ
Do you have room service?

明日のモーニングコールをお願いします
明天早上要叫醒服务
ミン ティエン ツァオ シャン ヤオ チアオ シン ブー ウー
I'd like a morning call tomorrow.

明朝5時30分に起こしてください
明天早上5点半叫醒
ミン ティエン ツァオ シャン ウー ティエン バン チアオ シン
Could you please wake me up at 5:30 A.M. tomorrow morning.

部屋にカードキーを置き忘れました
我把房卡忘在房间里了
ウォ バー ファン がー ワン ツァイ ファン チエン リー ラ
I forgot my card key in my room.

ほかの部屋に替えてもらいたいのですが
我要换别的房间
ウォ ヤオ ホァン ピェ ト ファン チエン
Can you give me a different room?

🐼 **ひとくちコラム**

ドン・ディスカード（Dnt't disturb card）の活用
いわゆるドアノブに掛けるプレートのこと。ビジネスで泊まるなら、限られた時間のなかで休息はしっかりとりたいものです。「起こさないでください」は「请勿打扰（ちン ウー ター ラオ）」、「部屋をきれいにしてください」は「请即清理（ちン チン リー）」となりますので、掛け間違いのないようにしましょう。

★ビジネス出張ではホテルのチョイスも重要です。用務先に近いことはもちろん、部屋でインターネットが利用できるか、近くにコンビニがあるかなども考えた上で選びたいものです

オフィス

何もかも広くて大きな中国。企業のオフィスもゆったり広々。圧倒されて相手のペースに引き込まれないように！

オフィスエリアは広く、ゆったりとしている。社員はいつもカジュアルな服装でデスクワーク。

接待処
↓
接待処
＝
受付

エントランスには受付カウンターがあり、受付係りの女性が来訪者の取次ぎをしてくれる。

なぜか美人が多い！

でも、その後ろには、いかつい顔のガードマンが立っている。

日本から来ました○○商事です。総経理秘書をお願いします。

ちゅーつーチェンミエン
初次见面
はじめまして

会社の取締役会に参加する資格のある人は「董事(トンシー)」の肩書きが付く。取締役会長は「董事长(トンシーチェン)」、会社の業務を執行する役職で社長は「总经理(ゾォンチンリー)」、ある部門の総責任者は「总监(ゾォンチエン)」。例えば、財務の総責任者は「财务总监(ツァイウーゾォンチエン)」、課長は「经理(チンリー)」。

中国の会社、組織のあらまし

中国的公司、単位的概要
チョン グォ ト゛ ゴン ズー、
タン ウェイ ト゛ カイ ヤオ

Brief of Chinese Company and Institute

中国の会社

中国では会社（公司ゴン ズー）法で定められた有限責任会社と株式有限会社があります。有限責任会社は出資額を限度に、株式有限会社は株主の出資額を限度に責任を負うことになっており、いずれも法人格を持ちます。中国の会社とビジネスを進めるうえでは、こうした相手の資格をよく見極めたうえで取引に臨むようにしましょう。

私は○○株式会社に勤めております
我在○○公司工作
ヴォ ツァイ ○○ゴン ズー ゴン ヅォ
I'm working at ○○ company.

当社の売上高は20億円です
我公司的销售额是20亿日元
ヴォ ゴン ズー ト゛ シアオ ショウ エー シー アル シー イー リー ユアン
The sales of our company were two billion yuan.

当社の従業員数は300人です
本公司的职工人数约300人
ベン ゴン ズー ト゛ チー ゴン レン シュー ユエー サン バイ レン
The number of employees at our company is about 300.

当社は日本に6支社を置いています
我公司在日本设立6个分公司
ヴォ ゴン ズー ツァイ リー ベン シェー リー リウ コ゛ フェン ゴン ズー
Our Company has 6 branch offices in Japan.

有限責任会社
有限责任公司
ユー シェン ツェー レン ゴン ズー
limited liability company

株式会社
股份有限公司
グー フェン ユー シェン ゴン ズー
company limited by shares

国有企業
国有企业
グォ ユー ヂー イエ
government-owned company

定款
章程
チャン チョン
article of incorporation

株主
股东
グー トン
equity shareholders

オーナー
所有者
ズォ ユー チョー
owner

使える！ワードバンク 会社編

売上	销售额 シアオ ショウ エー
資本金	资本金 ツー ベン チン
利益	盈利 イン リー
支社	分公司 フェン ゴン ズー
支所	分支机构 フェン チー チー コウ
地域の統括本部	分行 フェン バン
支店	支行 チー バン
従業員	职工 チー ゴン
工員	工人 ゴン レン
社風	公司风气 ゴン ズー フォン チー

企業統治　公司治理 ゴン ズー チー リー
以下は役所の部署名です。国有企業もこれにならって同じような部署を設けています。
○○局　　○○局　○○チュイー
○○部　　○○司　○○ズー
○○課　　○○处　○○チュー
○○科　　○○科　○○ゴー

ひとくちコラム

中国の会計年度は1〜12月で、株主総会は、6カ月以内の6月末までに開催しなければなりません。総会では会社の定款変更、利益の配分、取締役、監査役の選任などが採決されます。

会社の組織　この組織図はメーカーの最も代表的な配置です。取締役会（董事会ドンシーホイ）を中心に、この役員人事を決める株主総会があり、財務面から監督する監査役会（監事会チエンシーホイ）があります。会社の日常業務を執行する社長（总经理ツォンチンリー）以下、各部門の総監（总监ツォンチエン）が重要な職務に就いています。

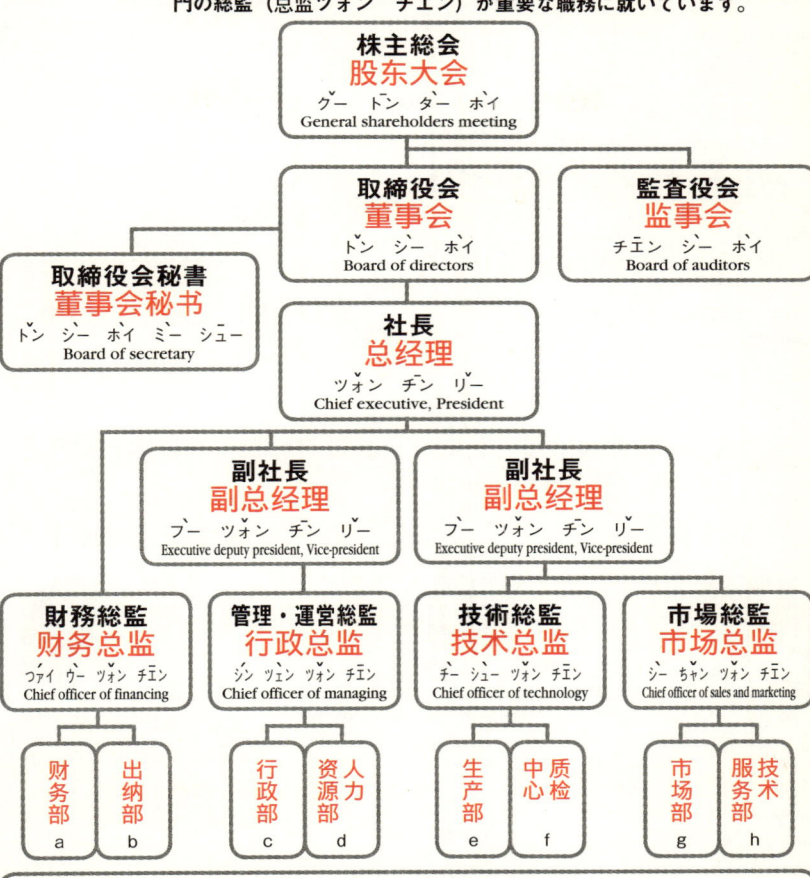

- a 財務部　财务部　ファイ ウー ブー　Finance department
- b 出納部　出纳部　チュー ナー ブー　Accounting department
- c 管理・運営部　行政部　シン チョン ブー　Operational management department
- d 人事・人材開発部　人力资源部　レン リー ヅー ユアン ブー　Personnel affairs department
- e 生産部　生产部　シェン チャン ブー　Producing department
- f 品質管理センター　质检中心　チー チエン チョン シン　Quality management center
- g 市場部　市场部　シー チャン ブー　Sales and marketing department
- h 技術サービス部　技术服务部　チー シュー ブー ウー ブー　Technical service center

肩書き、役職の呼び名

头衔、职务的惯称
トウ シェン、チー ウー ト コアン チェン
job title and post

ビジネスでの呼称

中国の肩書きは会社の職種、民営企業、国有企業によって異なります。肩書きの呼びかけはたいへんシンプルになっており、日本のように細かく階層を設けておらず、幹部に対しては一様に「○○总ツォン」と呼びます。中国の職場は役職の扱いについて日本に比べ非常にフラットになっています。ただ、会社のトップの場合、例えば会長に対しては、その名の通り「○○会长ホイ チャン」と呼ぶこともあります。

私は (ここの職場に) 来たばかりです
我是新来的
ウォ シー シン ライ ト
I just get on my position.

当社へよくいらっしゃいました
欢迎您光临本公司
ホアン イン ニン コアン リン ベン ゴン スー
Welcome our company.

私は着任したばかりです
我是刚刚到任的
ウォ シー カン カン タオ レン ト
I am new to my post.

電話でお話したことがありますね
我们在电话中讲过
ウォ メン ツァイ ティエン ホア チョン チアン クオ
We've talked on the phone.

はじめまして
初次见面
チュー ツー チエン ミエン
It's nice to meet you.

よろしく、ご指導願います
请多多指教！
チン トゥオ トゥオ チー チアオ
I look to you for guidance.

取締役会長
董事长
ドン シー チャン
Chairman of the board

取締役
董事
ドン シー
Director

社長
总经理
ツォン チン リー
Chief executive, President

副社長
副总经理
フー ツォン チン リー
Executive deputy president, Vice-president

🐼 ひとくちコラム

銀行の場合、各部門に総経理がおかれることがあります。副経理は総経理と同様に英語のVice-Presidentに近いものになります。

使える！ワードバンク　役職編

部長	处长	チュー チャン	パートタイマー	计时工	チー シー ゴン
課長 ★	科长	ゴー チャン	警備員	警卫人员	チン ウェイ レン ユアン
	经理	チン リー	運転手	司机	スー チー
係長	股长	グー チャン	監査役	监事	チエン シー
顧問	顾问	グー ウェン	弁護士	律师	リュイ シー
秘書	秘书	ミー シュー	会計士	会计师	ゴァイ チー シー

★○○科は役所、国営企業などによくある箇所名です。○○課は主に民間企業で、いずれも日本の○○課と同じレベルにあります。

ひとくちコラム

オフィスの飲料
中国は蛇口からでる水は飲料に適していないので、お茶にして飲むか、ミネラルウォーターで飲むことが多いです。最近は樽詰めの飲料ボトルをオフィスエリアに設置することが多くなりました。樽詰めの飲料ボトルは冷水と湯の二種類を選ぶことができ、たいへん便利になっています。オフィスはすべてセルフサービスで、水を汲みとります。

職場の様子

工作单位
コン ツオ タン ウェイ
At the office

中国のオフィス
中国のオフィスはスペースにゆとりがあり、パソコンはデスクトップを採用しているところが多いです。また、夫婦共稼ぎの社会なので保育所のある職場も多いです。

当社は朝9時からの出社となります
我的単位9点上班
ウォ ト タン ウェイ チウ ティエン シャン バン
Our company will work from 9:00 am.

退社時間は何時ですか？
几点下班？
チー ティエン シア バン
What time is quitting time.

1時間の昼休みがあります
午休有1小时
ウー シウ ユー イー シアオ シー
We have one-hour lunch break.

出社する 上班 シャン バン go to work 	**退社する** 下班 シア バン go off work 
昼休み 午休 ウー シウ lunch hour 	**休憩時間** 休息时间 シウ シー チエン break time 
研修 进修 チン シウ on-the-job training 	**懇親会** 联谊会 リエン イー ホイ fellowship banquet 

李課長は女性です
李科长是女的
リー コー チャン シー ニュイ ト
Section manager Lee is a woman.

来月、彼女は海外勤務となります
她下个月去海外赴任
ター シア コ ユエ チュイ ハイ ワイ フー レン
Next month she will be working abroad.

海外勤務 海外赴任 ハイ ワイ フー レン overseas assignment	**栄転** 荣升 ロン ション promotion transfer
託児所 托儿所 トゥオ アル ズオ day-care center	**育児休暇** 婴儿休假 イン アル シウ チア child-care leave

🐼 ひとくちコラム
妇女能顶半边天 ブー ニュイ ノン ティン バン ビエン ティエン（女が天の半分を支える）職場の男女の比率はほぼ同じくらいで、女性が役職員に登用されることは珍しくありません。同じ会社で夫婦が勤めていることもあり、奥さんが上司だったりすることもあります。毛沢東の格言に「女が天の半分を支える」があるように、中国は昔から女性の社会進出が進んでいました。そのため、鉄鋼労働者、建設機械の操縦士でも女性がかなりおります。

★オフィスに限らず一般的に中国のデパートやホテルなどは、広めでゆったりしています。これは国土が大きく土地に余裕があるためです

朝、定例会議があります
早晨有例会
ツァオ チェン ユー リー ホイ
We have the regular meeting every morning.

 3時に会議室に来てください
3点到会议室来
サン ティエン タオ ホイ イー シー ライ
Please come to the conference room at 3 o'clock.

 事務所にはロッカーがあります
办公室有更衣柜
バン ゴン シー ユー ゴン イー コイ
The office has a locker.

勤務に就く前に作業服に着替えます
上班时换工作服
シャン バン シー ホアン ゴン ツォ ブー
When you work, change into work clothes.

会議	定例会議	面談	ロッカー
会议	例会	面谈	更衣柜
ホイ イー	リー ホイ	ミエン タン	ゴン イー コイ
conference	regular meeting	meet and talk	locker

食堂	作業服	電話	FAX
食堂	工作服	电话	传真
シー タン	ゴン ツォ ブー	ティエン ホア	チョアン チェン
dining room	work clothes	telephone	fax machine

 **これを3枚コピーしてください**
把这个拷贝3份
バー チョー コ がオ ベイ サン フェン
Please make 3 copies of this.

拷贝 がオ ベイは、コピーの音訳となります。

これをB社にFAXしてください
把这个传真发给B公司
バー チョー コ チュアン チェン ファー ゲイ B ゴン スー
Please FAX this to B company.
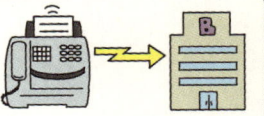

さっきA社から電話がありました
刚才A公司来电话了
ガン ツァイ A ゴン スー ライ ティエン ホア ラ
Before, there was a phone call from A to you.

ファイルは私の机の上にあります
文件在我办公桌上
ウェン チェン ツァイ ウォ バン ゴン チュオ シャン
There are files on my desk.

私のパソコンが壊れました
我的电脑坏了
ウォ ト ティエン ナオ ホウイ ラ
My PC is out of order.

職場の人間関係

同事的关系
どん シー ト コアン シ
Job relations

中国のホワイトカラー（白領工人 バイ リン ゴン レン）

中国社会は単純労働だけでなく、営業、バック・オフィス、R&Dを担当する職種が増えました。ホワイトカラーという新語が定着したのは1990年代の半ばで、サービス業の発展はそのまま中国社会の構造を変えました。しかし、終身雇用制の日本とは異なり、中国のホワイトカラーのほとんどが契約で採用されています。そのため、職務範囲は限定されており、給与の格差も開いています。自然、職場の人間関係は希薄で同僚、先輩といったつきあい方は少ないです。

私は営業部門に勤めています
我在销售部门工作
ウオ ツァイ シアオ ショウ ブー メン ゴン ツオ
I am working in a sales department.

彼は私の同僚です
他是我的同事
たー シー ウオ ト どン シー
He is a colleague of mine.

彼は新入社員です
他是新来的
たー シー シン ライ ト
He is a new recruit.

私の上司は張といいます
我的上司姓张
ウオ ト シャン ズー シン チャン
Zhang called my boss.

私のパートナは年上の人です
我的搭档是个年长的人
ウオ ト ダー ダン シー コ ニエン チャン ト レン
My partner is an older person.

この方は私の先輩です
这位是我的师哥
チョー ウェイ シー ウオ ト シー ゴー
This is my seniors.

当社のブルーカラーの人はホワイトカラーの人より給与が高い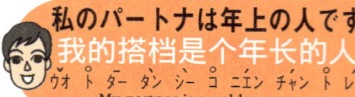
我们单位蓝领比白领工资高
ウオ メン タン ウェイ ラン リン ビー バイ リン ゴン ヅー ガオ
Our blue-collar workers have higher salary than the white-collar workers.

先輩（女性の先輩）	後輩（女性の後輩）	新入社員（口語の場合）
师哥（师姐）	师弟（师妹）	新人（新来的）
シー ゴー（シー チエ）	シー ティー（シー メイ）	シン レン（シン ライ ト）
senior	junior fellow	new employee

営業	同僚	上司	パートナー
销售	同事	上司	搭档
シアオ ショウ	どン シー	シャン ズー	ダー ダン
sales and marketing	colleague 	boss 	partner

年上	ブルーカラー	ホワイトカラー	サラリーマン
年长	蓝领	白领	上班族
ニエン チャン	ラン リン	バイ リン	シャン バン ヅー
older person	blue-collar worker 	white-collar worker 	office worker 

毎月25日に給料が支払われます
毎月25日发工资
メイ ユエ アル シー ウー リー ファー コン ヅー
Monthly salary will be paid on 25th.

彼は出張中です
他出差去了
たー ちゅー チャイ チュイ ラ
He is on the business trip.

給与／給料	賞与／ボーナス	出張
工资	奖金	出差
コン ヅー	チアン チン	ちゅー チャイ
paycheck	bonus	business trip

病気のため午後早退します
因病下午早退
イン ビン シア ウー ツァオ どイ
I'd like to leave early for a disease in the afternoon.

きょうは残業をしなければなりません
今天要加班
チン ティエン ヤオ チア バン
Today, I have to work overtime.

早退	遅刻	残業	夜勤
早退	迟到	加班	夜班
ツァオ どイ	ちー ダオ	チア バン	イエ バン
leaving work before finish time	tardiness	overtime	night work

残業代	時間外勤務手当	夜勤手当
加班费	加班补助	夜班津贴
チア バン フェイ	チア バン ブー チュー	イエ バン チン てイエ
overtime pay	overtime entitlement	night-work allowance

3日間休暇をとります
请3天假
ちン サン ティエン チア
I take a vacation for three days.

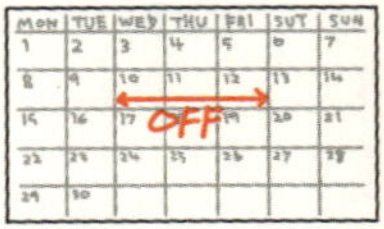

60歳で定年退職する
60岁退休
リウ シー ゾイ どイ ジウ
He retires at 60 years old.

一般的に中国の定年退職は、男性60歳、女性55歳となっています。

ひとくちコラム
中国の労働契約法
2007年に中国は全国統一の労働契約法を制定しました。法令の構成にややぎこちなさもありますが、この法律がまた良くできているという評価です。日本をはじめ各国の労働関連法の欠陥を研究した上で立法化したとされています。中国で働く人、雇用する人にとっては必見の法令です。

傷病休暇／保養休暇	有給休暇	出産休暇	定年退職
病假	带薪休假	产假	退休
ビン チア	ダイ シン シウ チア	ちャン チア	どイ ジウ
sick leave	vacation with pay	maternity leave	mandatory retirement

文具、事務用品

文具、办公室设备
ウェン チュイ バン コン
シー シェ ベイ

Writing material & office supplies

中国の文具

中国には昔から「文房四宝 ウェン ファン ズー バオ」という伝統的な文房具がありましたが、これは「筆・墨・紙・硯（すずり）」のこと。現在のオフィスには特別な趣味をお持ちの方を除いて、一般的には置いていません。オフィスで使われている文房具は輸入品が多く、海外ブランドの中国製も多く見かけます。日本のように文房具を常備している職場はあまりなく、その都度買いに行かせることもしばしばあります。

消しゴムはありますか？
有橡皮吗？
ユー シアン ぴー マ
Is there the eraser?

クリアファイルを注文して下さい
请订一些文件夹
チン ティン イー シェ ウェン チエン チア
Please order a clear file.

| ボールペン 圆珠笔 ユアン チュー ビー ball pen  | シャープペンシル 自动铅笔 ツー トン チエン ビー automatic pencil  | 消しゴム 橡皮 シアン ぴー eraser  |

| 蛍光マーカー 荧光笔 イン クアン ビー highlighter  | ハサミ 剪刀 チエン ダオ scissors  | ものさし（定規） 尺子 ちー ツ ruler  |

| クリアファイル 透明夹 トウ ミン チア clear file  | ファイル 文件夹 ウェン チエン チア file  | セロハンテープ 透明胶 とウ ミン チアオ scotch tape  |

| ホッチキス 钉书器 ティン シュー ちー stapler  | 電卓 计算器 チー スアン ちー calculator  | ノート 笔记本 ビー チー ペン notebook  |

| マジック 签字笔 チエン ツー ビー felt pen  | 糊（ノリ） 胶水 チアオ ショイ starch  | （穴あけ）パンチ 打孔机 ダー ごン チー paper punch  |

| インク 墨水 モー ショイ ink  | クリップ 橡皮筋 シアン ぴー チン clip  | 付箋 标签纸 ビアオ チエン チー sticky 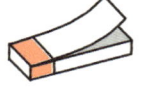 |

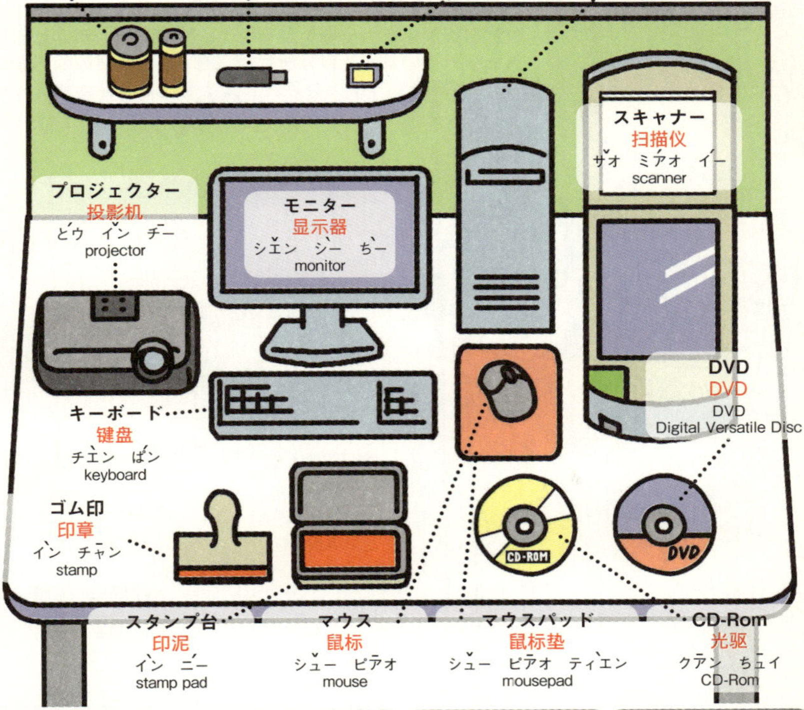

オフィス

電池 电池 ティエン ヂー battery

USBメモリー U盘 ユー パン USB memory

SDカード SD存儲卡 SD つうン チュー ガー SD memory Card

パソコン 个人电脑 コー レン ティエン ナオ personal computer

スキャナー 扫描仪 ザオ ミアオ イー scanner

プロジェクター 投影机 トウ インヂー projector

モニター 显示器 シエン シー ヂー monitor

キーボード 键盘 チエン パン keyboard

DVD DVD DVD Digital Versatile Disc

ゴム印 印章 イン チャン stamp

スタンプ台 印泥 イン ニー stamp pad

マウス 鼠标 シュー ピアオ mouse

マウスパッド 鼠标垫 シュー ピアオ ティエン mousepad

CD-Rom 光驱 クアン チュイ CD-Rom

宅配便 快递 こアイ ティ package-delivery service

封筒 信封 シン フォン envelope

便箋 便笺 ピエン チエン letter paper

秤 秤 ちョン measuring scale

使える！ワードバンク 〔コピー編〕

コピー用紙	复印纸	フー イン ヂー
A4サイズ	A4纸	A4 ヂー
A3サイズ	A3纸	A3 ヂー
B5サイズ	B5纸	B5 ヂー
B4サイズ	B4纸	B4 ヂー
再生紙	再生纸	ツァイ ション ヂー

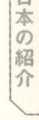

ひとくちコラム

中国の文房具
中国の文具は以前は種類も少なく、形も単一でした。以前はオフィス用品のほとんどがアメリカ、日本からの輸入品で、海外出張から戻ってくる人はいつも文具を買ってお土産として持ち帰っていました。しかし、最近では中国の文具メーカーも急速に発展し、プラスチックの成形を得意とする商品が増えています。広東省沙頭（スワトウ）は、中国ブランドの有名メーカーが400社あまり集積しており、今では価格の安い中国製のオフィス用品が海外に輸出されるようになっています。

企業を取り巻く環境

企业周围的环境
ちーイエ チョウ ウェイ
ト ホアン チン
Enterprise environment

中国の企業会計・決算書

市場経済導入（1993年）前の中国では、ほとんどが国有・国営企業でしたので企業の財務諸表は税務局に提出するだけで、「損金算入・不算入」の概念がありませんでした。現在は民間企業、上場企業が増え、西側の会計制度が取り入れられています。毎月決算が実施され、管轄の税務局に「貸借対照表」、「損益計算書」などを提出しなければならないことになっています。

景気が回復して売上も伸びました
景气恢复,营业额也增加了
チン ちー ホイ フー イン イエ エー イエ ツォン チア ラ
Sale increased as the economy recovered.

景気後退のあおりで売上は減少しました
景气衰退,营业额下降了
チン ちー ショアイ トイ イン イエ エー シア チアン ラ
Sale decreased as the economy recession.

上場会社は四半期ごとに業績を報告します
上市公司要每个季度公布业绩
シャン シー コン スー ヤオ メイ コ チー トゥ コン フー イエ チー
The companies listed on the stock exchange report their performance every quarter.

売上高 销售额 シアオ ショウ エー amount of sales	仕入高 进货额 チン フオ エー amount of goods purchased	売上総利益 总销售利润 ツォン シアオ ショウ リー ルン gross profit on sales	販売管理費 营销管理费 イン シアオ コアン リー フェイ selling, general and administrative expenses
営業利益 营销利润 イン シアオ リー ルン business profit	経常利益 经常利润 チン チャン リー ルン ordinary profit	法人税 公司税 コン スー ショイ corporate tax	純利益 纯利润 ちュン リー ルン net income
前期繰越利益 上期滚存利润 シャン ちー グン ツゥン リー ルン surplus brought forward from the previous term	未処分利益 未处理利润 ウェイ チュー リー リー ルン unappropriated profits	役員賞与 董事奖金 トン シー チアン チン bonus paid to director	配当金 分红 フェン ホン dividend
在庫 库存 くー ツゥン inventory	貸借対照表 资产负债表 ツー チャン フー チャイ ビアオ balance sheet	損益計算書 损益表 ヅン イー ビアオ profit and loss statement	キャッシュフロー計算書 现金流量表 シエン チン リゥ リアン ビアオ cash flows statement

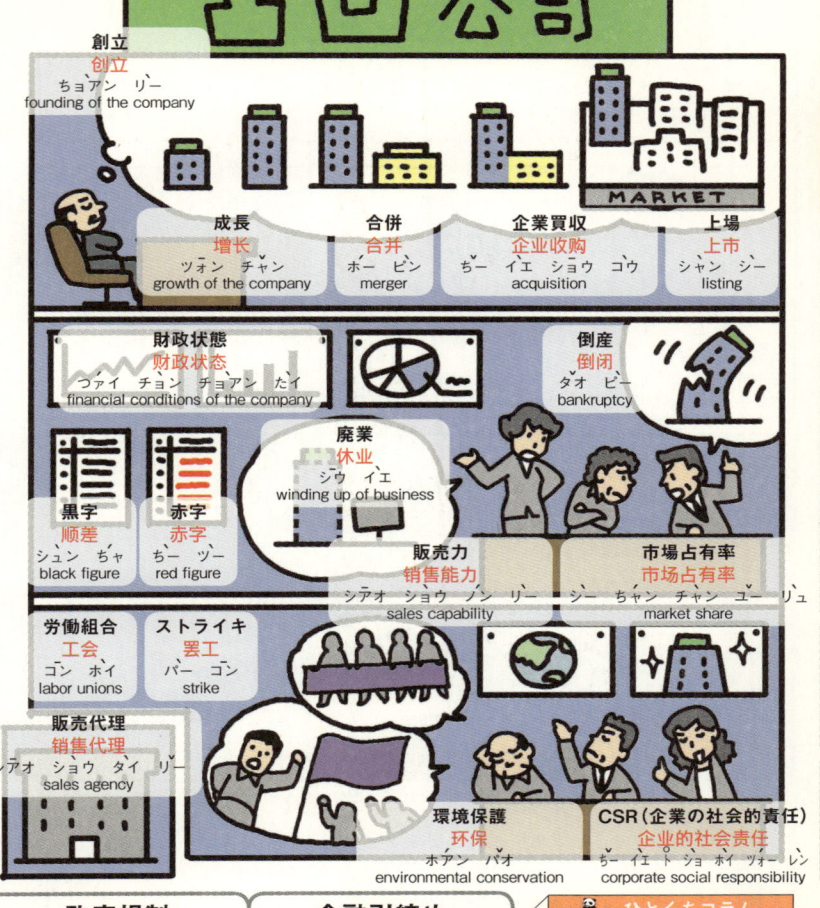

凸凹公司

創立 / 创立 / チョアン リー / founding of the company

成長 / 增长 / ツォン チャン / growth of the company

合併 / 合并 / ホー ピン / merger

企業買収 / 企业收购 / チー イエ ショウ コウ / acquisition

上場 / 上市 / シャン シー / listing

財政状態 / 财政状态 / ツァイ チョン チョアン たイ / financial conditions of the company

倒産 / 倒闭 / タオ ピー / bankruptcy

廃業 / 休业 / ジウ イエ / winding up of business

黒字 / 顺差 / シュン チャ / black figure

赤字 / 赤字 / チー ツー / red figure

販売力 / 销售能力 / シアオ ショウ ノン リー / sales capability

市場占有率 / 市场占有率 / ジー チャン チャン ユー リュ / market share

労働組合 / 工会 / ゴン ホイ / labor unions

ストライキ / 罢工 / バー ゴン / strike

販売代理 / 销售代理 / シアオ ショウ タイ リー / sales agency

環境保護 / 环保 / ホアン パオ / environmental conservation

CSR（企業の社会的責任） / 企业的社会责任 / チー イエ ト ショ ホイ ツォー レン / corporate social responsibility

---

政府規制 / 政府的限制 / チョン ブー ト シエン チー / government regulation

金融引締め / 金融紧缩 / チン ロン チン ズオ / money squeeze

規制緩和 / 放宽限制 / ファン クアン シエン チー / deregulation

内国民待遇 / 国民待遇 / グオ ミン タイ ユィ / national treatment

ひとくちコラム

上有政策下有対策
シャン ユー チョン ヲォ シア ユー トイ ツォ（上に政策あり、下に対策あり）
中央政府と地方政府などの政策をめぐって、イタチごっこを繰り返していることを現わしています。例えば中央が地方で乱開発しないように農地の保護を打ち出しても、地方は開発地を農地でないと規定し、対策を打つことがありました。政府だけでなく、国有企業、民営企業でもその対策をとり、規制の網をくぐり抜けることがあります。

海外出張・移動 / オフィス / 接待・食事 / 取引企業訪問 / ビジネス最前線 / 伝えよう / 日本の紹介

接待・食事

さあ、取引先の接待だ。宴席を設けよう！中国ではフォーマルな宴会から、インフォーマルな会食までいろいろあり！

「请柬(チンチエン)」＝招待状が団員一人一人に手渡される。

団体で訪中するミッションの場合、受け入れの中国側がまず歓迎宴を設け、日本側が後日（滞在中）答礼宴を設ける。これが政府、大手国有企業に多いビジネスマナーなのだ。

18:05

接待される場合、約束の時間が18時なら、少し遅めの18時5分に着くようにして、接待する側をあわてさせないようにしよう。

干杯！ カンペイ！

グビーイ

ちょっと待った！

乾(干)杯は文字通り、杯を干すこと。これで杯を交わしたら、全部飲み干さなければならないのだ。全部飲めないときは「碰碰杯 ぽん ぽん べい」といって交わそう。これなら、飲み残せる。

うっぷ！
この白酒（パイチウ）、60度あるよ！

食事に行く

去吃饭
ちゅイ ちー ファン
Go out for meal

外食産業

中国の外食産業全体の売上は年平均18％という驚異的なスピードで成長しており、2012年には日本の市場規模を上回るといわれています。味覚、食材で勝負しなければ生き残れない時代になっており、清潔な店、洒落た店も増えてきました。中国の物価はもともと安いですが、中でも食事代はかなりの格安です。そのせいか、共稼ぎの家庭ではよく外食ですませることが多く、調理するのは朝だけという夫婦もいます。

近くのいいレストランを紹介してください
给我介绍附近好一点的餐厅
ゲイ ウォ チェ シャオ フー チン ハオ イー テェント ツァン ティン
Can you recommend a good restaurant around here?

近くに中国料理店はありますか？
附近有没有中餐馆？
フー チン ユー メイ ユー チョン ツァン コァン
Is there a Chinese restaurant near here.

日本料理 日本菜 リー ベン ツァイ Japanese cuisine	イタリア料理 意大利菜 イー ダー リー ツァイ Italian cuisine	韓国料理 韩国菜 ハン グオ ツァイ Korean cuisine 	メキシコ料理 墨西哥菜 モー シー ガー ツァイ Mexican cuisine  
フランス料理 法国菜 ファー グオ ツァイ French cuisine 	スペイン料理 西班牙菜 シー バン ヤー ツァイ Spanish cuisine 	海鮮料理 海鲜风味的菜 ハイ シェン フォン ウェイ ダ ツァイ Seafood 	ファストフード 快餐 クァイ ツァン fast food 

レストランの予約をしてもらえますか？
现在能给我预订餐厅吗？
シェン ツァイ ナン ゲイ ウォ ユイ ティン ツァン ティン マ
Can you reserve a table at a restaurant for me ?

定食はありますか？
有没有套餐？
ユー メイ ユー たオ ツァン
Do you have table d'hote service ?

店内で召し上がりますか？
在这里吃饭吗？
ツァイ チョー りー ちー ファン マ
Is it for here?

食べていきます
在这里吃饭
ツァイ チョー りー ちー ファン
It's for here.

持ち帰りができますか？
可以打包吗？
ごー イー ター バオ マ
Can I take out ?

よろしければ、一緒にどうぞ
方便的话一起吧
ファン ビエン ト ホア イー ちー バ
You can join us if you want.

バイキングの店 自助餐厅 ツー チュー ツァン ティン buffet-style restaurant	出前 外卖 ワイ マイ deliver service	弁当 盒饭 ホー ファン luncheon 	軽食 快餐 こァイ ツァン light meal  

接待・食事

箸 筷子 クアイ ツ chopstick
おしぼり 湿手巾 ジー ショウ チン a rolled hand towel
グラス 玻璃杯 ボー リ ベイ glass
取り皿 小碟子 シャオ ティエ ツ small plate
ウェイトレス／ウェイター 服务员 フー ウー ユアン waitress/waiter
ワイン 葡萄酒 プー タオ チウ wine
メニュー 菜单 ツァイ ダン menu
日本酒 日本酒 リー ベン チウ Japanese rice wine
お茶 茶 チャー tea
ナプキン 手巾 ショウ チン napkin

メニューを見せてください
给我菜单看看
ゲイ ウオ ツァイ ダン かン かン
May I have a menu?

生ビールをください
给我扎啤
ゲイ ウオ チャー ビー
Draft beer, please.

すぐできますか？
马上得？
マー シャン ト
May I have it right away?

あれと同じ料理をください
给我和那个一样的菜
ゲイ ウオ ホー ナー ゴ イー ヤン ツァイ
May I have the same as that?

料理がこないのですが
菜还没上来
ツァイ ハイ メイ シャン ライ
My order hasn't come yet.

注文したものと違います
和我点的不一样
ホー ウオ ティエン デ ブー イー ヤン
This isn't what I ordered.

デザートは何がある？
甜点来什么？
ティエン ティエン ライ シェン マ
What kind of desserts do you have?

お茶をください
给我茶水
ゲイ ウオ チャー ショイ
I'd like some tea, please.

勘定をお願いします
结账
チエ チャン
Check, please.

カードで支払えますか？
信用卡，可以吗？
シン ヨン カー コー イー マ
Can I use the credit Card?

私が支払います
我来付钱
ウオ ライ フー チエン
I'd like to pay.

使える！ワードバンク ファーストフード編

日本語	中国語	発音
ラーメン	拉面	ラー ミエン
うどん	面条	ミエン ティアオ
サンドイッチ	三明治	ザン ミン チー
おにぎり	饭团	ファン とアン
寿司	寿司	ショウ ズー
吉野家	吉野家	チー イエ チア
マクドナルド	麦当劳	マイ タン ラオ

★ケンタッキーフライドチキンは「肯德基 けン トー チー」、ピザハットは「必胜客 ビー シェン ご ー」

ひとくちコラム

AA制 チー（割り勘）

中国はもともと割り勘の習慣がなく、友人が集まって食事をするような場合でも誰かが一人で勘定をもちます。特に誘った人が払うケースが多いですが、時には払うつもりでいる人が二人いて争いになることがあります。おごられた人は借りとして、次回で勘定をもつことが一般的です。また、最近ではファーストフードなど個別会計の店が増えたこともあり、学生など若い人の間ではAA制チーと言って自分たちのものは自分で払うことが増えてきました。AA制の由来はいろいろありますが、最も有力なのは「Acting Appointment」の頭文字からとったものとされています。

海外出張・移動 ｜ オフィス ｜ 接待・食事 ｜ 取引企業訪問 ｜ ビジネス最前線 ｜ 伝えよう ｜ 日本の紹介

取引先を接待する

招待老主顾
チャオ タイ ラオ チュー クー
Business entertainment

フォーマルな接待

ビジネスパートナーとの接待において中国ではマナーがそれほどうるさくありません（服装は全くなし）。それでも日本にはない習慣があり、接待する側、接待される側の対応が異なります。そのひとつに接待する側は予定の時刻より早めに宴会場に来て、来客を迎えるように準備する必要があります。逆に接待される側はホスト役に恥をかかせないため予定の時刻より5分程度遅れてくることが望ましいとされています。

宴会は10月5日の月曜日、午後6時からです
宴会是10月5日星期一晚上6点开始
イェン ホイ シー シー ユー リー シン チー ウン シャン リュ ティエン カイ シー
The banquet start from 6:00 p.m. on Monday, October 5.

ふだん着でお越しください
请穿便装出席
チン チョアン ピエン チョアン チュー シー
Please dress casual.

夕方5時半に会社の車をホテルまで迎えに行かせませす
晚上5点半派公司的车去饭店接
ウン シャン ウー ティエン バン パイ コォン スー チョー チュイ ファン ティエン チェ
We will send our company car to your hotel at 5:30 p.m.

こちらの席です
是这个座位
シー チョー コ ヅォ ウェイ
Here, please sit your seat.

おすすめの料理は何ですか
你有什么推荐的菜吗？
ニー ユー シェン モ トゥイ チエン ト ツァイ マ
What do you recommend?

お飲み物は何にしますか
喝什么饮料?
ホー シェン モ イン リアオ
Do you care for a drink?

お酒は飲めますか
能喝酒吗?
ノン ホー ヂウ マ
Can you drink liquor?

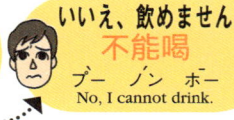

少しだけ飲めます
能喝一点
ノン ホー イー ティエン
I can drink a little.

いいえ、飲めません
不能喝
ブー ノン ホー
No, I cannot drink.

おもてなし、真にありがとうございます
谢谢款待
シエ シエ コアン タイ
Thank you for your hospitality.

どういたしまして
哪儿的话呢
ナール ト ホア ネ
You are welcome

これは日本から持ってきたお土産です
这是从日本带来的礼物
チョー シー ツォン リー ベン タイ ライ ト リー ウー
This is a gift brought from Japan.

遠慮しないでください
别客气
ピエ コー チ
Don't be so modest.

メニュー	領収書	支配人	料理人
菜单	发票	经理	厨师
ツァイ ダン	ファー ピアオ	チン リー	チュー シー
menu	receipt	manager	cook

★お酒に関して古い文化を持つ中国ですが、レストランや公共の場で泥酔したり、羽目をはずしたりするのは恥ずべきこととされていますので、注意しましょう

食器・テーブル用語

- **ワイングラス** / 红酒杯 / ホン チウ ベイ / wine glass
- **お皿** / 盘子 / ぱん ッ / monkey dish
- **白酒用のガラスの盃** / 小酒杯 / シアオ チウ ベイ / sake cup
- **果物** / 水果 / ショイ クオ / fruit
- **ちりれんげ** / 调羹 / てイアオ ゴン / chinese spoon
- **コップ** / 杯子 / ベイ ッ / glass
- **デザート** / 甜点 / てイエン ティエン / dessert
- **栓抜き** / 起子 / ちー ッ / bottle opener
- **ご飯** / 米饭 / ミー ファン / riz

我々の友好のために乾杯！
为我们的友谊干杯！
ウエイ ウオ メン ト ユー イー カン ベイ
Toast to our friendship !

フォーマルな宴席では、3種類のお酒が並ぶことがあります。小さな足つきのガラス杯（猪口）には白酒、ワイングラスにはワイン、そしてコップにはビールまたはソフトドリンクを注いでくれます。

乾杯！ / 干杯！ / カン ベイ / Bottoms up!

（全部飲めないので）ちょっと乾杯！ / 碰碰杯！ / ぽン ぽン ベイ / Touch glasses !

どうぞお召し上がりください / 请你吃吧 / ちン ニー ちー パ / Please eat

お箸を取り換えてください / 请换双筷子 / ちン ホアン ショアン こアイ ッ / Please replacement chopsticks.

お皿を下げてください / 把盘子撤了 / バー ぱン ッ チョー ラ / Could you clear the table?

たばこを吸ってもいいですか / 可以抽烟吗? / こー イー チョウ イエン マ / Do you mind if I smoke.

灰皿を持ってきてくれますか / 给我烟灰缸 / ゲイ ウオ イエン ホイ カン / Can you bring me an ashtray.

おいしい / 好吃 / ハオ ちー / delicious

ごちそうさま / 吃饱了 / ちー バオ ラ / It was very good

ひとくちコラム
乾杯はホドホドに！
宴会好きの中国のこと。テーブルはほとんどが円卓で、フォーマルな宴会では席順も決まっています。ホスト役の主人をはさんで、来賓も上から順に図のように座るのが習慣となっています。また、No.2のホスト役は主人の向いに座り、次にくる来賓が横に座るスタイルもあります。乾杯は文字通り、杯をほすことなので、すべて飲みきったことを相手に見せなければなりません。茅台酒　マオたイ　チウ　のような酒は53℃もあるので、無理せずホドホドにしましょう。

通訳／主人／客1／客2／客4／客3／主催者2／入口

★白酒に関する話題はP47のコラムもご参照下さい

カラオケ、娯楽

卡拉OK、娱乐
かー ラー OK、ユィ ラー
Karaoke and Entertainment

中国の卡拉OK事情

中国のカラオケは日式KTVともいい、家族連れや若者が行くカラオケBOXと、ホステスがついて接待してくれるカラオケ・クラブがあります。カラオケ・クラブは店にいる女性の中から気に入った女性を指名すると、一緒に歌ってくれたりおしゃべりをしてくれます。彼女たちは貧しい農村出身者が多く、都会へ出て働かなければならなくなった事情があるのです。そんな多くの彼女たちの思いは貧しい両親であり、故郷への仕送りで支えています。

エコー
回音
ホイ イン
resounding karaoke

音量
音量
イン リアン
sound volume

リモコン
遥控器
ヤオ コォン チー
remote-control

マイク
麦克风
マイ コー フォン
microphone

楽譜
歌本
コー ベン
musical note

1曲、どうぞ
请唱1曲
ちン ちャン イー ちュイ
Please sing.

日本の歌曲はありますか
有日本歌儿吗?
ユー リー ベン コー アル マ
Is there a Japanese song?

私は音痴なのでカラオケは苦手です
我是音盲,唱不好卡拉OK
ウォ シー イン マン、ちャン ブー ハオ かー ラー OK
Because I am a tone-deaf person, I am weak in a karaoke.

彼女はカラオケに行くとマイクを離さない
她一去卡拉OK就拿着话筒不放
たー イー ちュイ かー ラー OK ヂウ ナー ちョ ホア とォン ブー ファン
When she goes to karaoke, she always keep the microphone.

この曲はなんという曲ですか?
这个曲子叫什么名字?
ヂョー こ ちュイ ヅ チアオ シェン マ ミンヅ
What is this song.

デュエットで歌いましょう
男女对唱吧
ナン ニュイ トイ ちャン パ
I'd like to sing in duet.

音量を上げてください
把音量开大点
バー イン リアン カイ ター テイエン
Please turn the volume up.

音量を下げてください
把音量关小点
バー イン リアン コアン シアオ テイエン
Please turn the volume down.

上手ですね!
你唱得很好!
ニー ちャン ト ベン ハオ!
You sing very well

おしぼり
擦手巾
つァー ショウ チン
steaming rolled-up washcloth

ミネラルウォーター
矿泉水
こアン ちュアン ショイ
mineral water

氷
冰块
びン こアイ
ice cubes

★大都市の繁華街などで執拗な客引きに会うことがありますが、高額な飲食費を請求する悪質な店もあります。応じないようにしましょう。

40

中国の民族舞踊を見たい
想看中国的民族舞
シアン カン チョン クオ ト ミン ツー ヴー
I'd like to see a chinese folk dance.

今日のチケットはまだありますか？
还能买到票吗？
ハイ ノン マイ タオ ピアオ マ
Can I still get a ticket?

この映画はどこでやっていますか
哪里能看这个电影
ナー リ ノン カン チョー ゴ ティエン イン
Where can I see this movie?

何時から開演ですか？
几点开演？
チー ティエン カイ イエン
What time does it begin?

サーカス / 杂技 / ツァー チー / circus

日本舞踊 / 日本舞 / リー ベン ヴー / Classical Japanese dance

歌劇 / 歌剧 / ゴー チュイ / opera

ボーリング / 保龄球 / バオ リン チウ / bowling

ビリヤード / 台球 / タイ チウ / billiard

映画館 / 电影院 / ティエン イン ユアン / cinema

ダンスホールの踊り場 / 舞池 / ヴー チー / dance floor

ダンサー／踊り子 / 舞蹈演员 / ヴー ダオ イエン ユアン / dancer

ディスコ / 迪斯科 / ディ スー ゴー / disco

ワルツ / 华尔兹 / ホア アル ツー / waltz

ナイトクラブ / 夜总会 / イエ ツォン ホイ / Nightclub

バー / 酒吧 / チウ バー / barroom

コンパニオン / 公关小姐 / コォン コアン シアオ チェ / companion

ホステス / 陪酒女 / ベイ チウ ニュイ / hostess

演目 / 节目 / チェ ムー / program

主役 / 主角 / チュー チュエ / lead

舞台 / 舞台 / ヴー タイ / stage

客席 / 观众席 / クアン チョン シー / auditorium

ひとくちコラム

京劇 チン チュイ
中国の伝統的な古典演劇である戯曲（歌劇の一種）のひとつです。発祥地は安徽省になり、時代は清代に遡ります。京劇は北京を中心に発展したので京の名がつきました。同じ古典歌劇として日本の歌舞伎にも似ており、京劇では西皮 シーピー（音が大きく、跳躍する旋律で激高や歓喜などの感情を表現）、二黄 アルホアン（ゆっくりとしたテンポで叙情的な心情を表現）といった節をつけます。

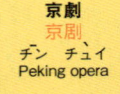

京劇 / 京剧 / チン チュイ / Peking opera

中国の料理、酒

中国名菜、名酒
チョン グオ ミン ツァイ、ミン チウ
Go out for meal

中国の四大料理

中国にはいろいろな土地柄の料理がありますが、北京料理（山東系）、上海料理（江蘇・浙江系）、四川料理、広東料理の4つが代表的な料理になっています。「东辣西酸 トン ラー シー スアン "東（山東）では辛いものを好み，西（山西）では酸っぱいものを好む"，南甜北咸 ナン ティエン ベイ シエン "南（江蘇）では甘いものを好み，北（河北）では塩辛いものを好む"」といわれるように、それぞれの土地柄にあわせ、味付けにも特徴があります。

この土地の名物料理が食べたい
我想吃本地的名菜
ウォ シャン チー ベン テイ ト ミン ツァイ
I'd like to have some local food.

これは何で作ってあるのですか？
这菜是用什么做的？
チョー ツァイ シー ヨン シェン モ ツオ ト
What's this dish made of?

北京料理
北京菜
ベイ チン ツァイ
Beijing cuisine

宮廷料理または山東料理の流れをくむ家庭料理が多くあります。

北京ダック
北京烤鸭
ベイ チン カオ ヤー
Peking duck
北京へ観光する人々には好評の料理。

しゃぶしゃぶ
涮羊肉
ショアン ヤン ロウ
sliced mutton boiled with vegetables
羊の肉をつかったしゃぶしゃぶが元祖。

上海料理
上海菜
シャン ハイ ツァイ
Shanghai cuisine

江蘇料理に属します、西洋化された料理が多数あります。

上海ガニ
大闸蟹
ター チャー シエ
steamed shanghai crab
上海料理の代表。10～12月が旬。

小籠包（ショーロンポー）
小笼包
シアオ ロォン バオ
steamed soup dumpling
中にスープを含む一口肉まん

四川料理
四川菜
スー チョアン ツァイ
Szechuan cuisine

山椒と唐辛子の2種類の辛さが効いているのが、最大の特徴です。

麻婆豆腐
麻辣豆腐
マー ラー トウ フ
Spicy tofu sauce

坦坦麺
担担面
タン タン ミエン
Dan dan noodles

広東料理
广东菜
コアン トォン ツァイ
Canton cuisine

潮州料理
潮州菜
チャオ チョウ ツァイ
Chaozhou cuisine

広東人の華僑によって広められ、今や世界の中国料理店のほとんどが広東料理に。変わった食材（蛇、犬など）を使った料理もあります。

広東省潮州と福建省南部一帯の料理を指します。燕の巣やフカヒレが代表的な料理です。

飲茶
饮茶
イン チャー
Yum cha

餃子
饺子
チアオ ツ
dumpling

春巻
春卷
チュン チュアン
spring roll

シューマイ
烧卖
シャオ マイ
shao mai

★中国の四大料理の特徴はP46を見て下さい。話題を提供できるうんちくがたくさんあります

接待・食事

日本語	中国語	読み	英語
フカヒレスープ	鱼翅汤	ユィ ちー たん	shark-fin soup
燕の巣のスープ	燕窝	イエン ウォ	birds-nest soup
酸辣湯	酸辣汤	スァン ラー たん	sour and spicy soup
ラーメン	拉面	ラー ミエン	Chinese noodle
刀削面	刀削面	ダオ シアオ ミエン	knife cut noodles
炒飯	炒饭	ちゃオ ファン	fried rice

醤油をもってきていただけますか
给我酱油
ケイ ウォ チアン ユー
Can you bring me some soy sauce.

ここの地酒を注文してください
要本地的酒
ヤオ ペン ディ ト チウ
Please order local brew of here.

日本語	中国語	読み	英語
酢	醋	つー	vinegar
黒酢	黑醋	ヘイ つー	aromatic vinegar
白酒	白酒	バイ チウ	white spirit
茅台酒	茅台酒	マオ たイ チウ	Maotai spirit
豆板醤	豆瓣酱	トウ パン チアン	chilli bean sauce
ラー油	辣油	ラー ユー	red chile oil
五糧液	五粮液	ウー リアン イエ	Wu Liang Ye spirit
高梁酒	高粱酒	ガオ リアン チウ	Kaoliang spirit
塩	盐	イエン	salt
胡椒	胡椒	ブー チアオ	pepper
黄酒	黄酒	ホアン チウ	yellow rice or millet wine
紹興酒	绍兴酒	シャオ シン チウ	Shaoxing rice wine

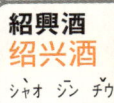

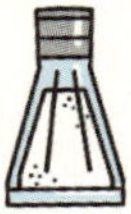

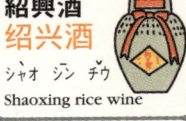

紹興酒を温めてください
把绍兴酒热一下
バー シャオ シン チウ レー イー シア
Please warm the Shaoxing rice wine.

(紹興酒に)氷砂糖を入れる
放糖
ファン たん
Please put crystal sugar.

梅干し (紹興酒に入れるもの)
话梅
ホア メイ
smoked plum

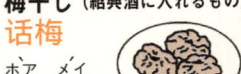

日本語	中国語	読み	英語
甘い	甜	ティエン	sweet
辛い	辣	ラー	hot
塩辛い	咸	シエン	salty
酸っぱい	酸	スァン	sour

ひとくちコラム

中国の調理法
中国はグルメの国とあって、その調理法には豊富な動詞を持っています。火加減で調理するものに「炒(ちゃオ)強火で炒める、炸(チャー)多量の油で揚げる、炖(トゥン)とろ火で煮る、爆(バオ)強火でさっと炒める、烤(カオ)直火で焼く」があり、ひへん「火」がつきます。また、下から加熱する調理には「蒸(チョン)蒸す、煮(チュー)煮る」があり、れっか「灬」がつきます。しかし、これはほんの一例で約40種類の調理法があり、その調理の仕方が料理名の一字になってメニューに載せられているのです。

ゴルフで接待

招待打高尔夫球
チャオ タイ ダー カオ アル フー ちウ
Customer golf

中国のゴルフ場

中国には200近くのゴルフ場が営業しています。数年前までは中国のゴルフ場でプレーしているのは日本人などの外国人が多かったのですが、最近では中国人の生活水準の向上にともない、普通の人でもゴルフをするようになりました。中国人の平均月収が5万円位とされていることから、ゴルフをする人は相当のお金持ちになります。中国のゴルフの競技人口は多く見積もっても60万人程度とされ、プレーヤーは一種のステータスシンボルとなっています。

アゲンスト
逆风
ニ フォン
head-on wind

ウッド
木杆
ムー カン
wood clubs

イン
后九洞
ホウ ちウ トォン
in course

キャディ
球童
ちウ トォン
caddie

ドライバー
挥杆
ホイ カン
driver

ラウンド
回合
ホイ ホ
round

アウト
前九洞
ちエン ちウ トォン
out course

バンカー
沙坑
シャー コン
bunker

クラブハウス
俱乐部主楼
チュイ ラー ブー チュー ロウ
clubhouse

ゴルフカート
高尔夫推车
カオ アル フー どイ ちョー
caddie cart

OB
界外
チエ ワイ
out of bounds

コーヒーショップ
咖啡厅
かー フェイ てイン
coffee shop

ペナルティ
犯规罚杆
ファン ゴイ ファー カン
penalty stroke

日曜日、ゴルフへ行きませんか？
这个礼拜天去打高尔夫吗？
チョー コ リー パイ てイエン チュイ ダー カオ アル フー ちウ マ？
How would you like to golf on next sunday?

クラブは全部で9本ですね
球杆一共9支
ちウ カン イー コォン ちウ チ
This golf club has a total of nine.

マークしていただけますか
请做标记
ヂン ヅオ ピアオ ヂー
Please put a mark.

どんまい、どんまい！
没问题！
メイ ウエン ティー
Shake it off!

ナイスショット！
好球！
ハオ ヂウ
Beautiful shot !

ナイスパット！
好的推球！
ハオ ト ドイ ヂウ
Good putting !

ホールインワン
一杆进洞
イー ガン チン トォン
hole in one

パター
推杆
トイ ガン
putter

グリーン
果岭
クオ リン
green

アプローチ
使球接近球洞
シー ヂウ チエ チン ヂウ トォン
approach shot

アイアン
铁头球杆
ティエ トウ ヂウ ガン
iron clubs

スコア
得分
ドー フェン
score

ゴルフボール
高尔夫球
ガオ アル ブー ヂウ
golf ball

練習場
练习场
リエン シー ヂャン
driving range

アテスト
签字证明
チエン ツー チョン ミン
attest

パー
标准杆数
ピアオ チュン ガン シュー
par

バーディ
标准杆少一杆
ピアオ チュン ガン シャオ イー ガン
birdie

イーグル
标准杆少二杆
ピアオ チュン ガン シャオ リアン ガン
eagle

アルバトロス
标准杆少三杆
ピアオ チュン ガン シャオ サン ガン
albatross

アンダーパー
标准杆数以下
ピアオ チュン ガン シュー イー シア
under par

ボギー
标准杆多一杆
ピアオ チュン ガン トゥオ イー ガン
bogey

ダブルボギー
标准杆多两杆
ピアオ チュン ガン トゥオ リアン ガン
double bogey

オーバーパー
超过标准杆
チャオ クオ ピアオ チュン ガン
over par

ひとくちコラム
世界最大のゴルフコース
何事もスケールが大きいことが中国の特徴ですが、最近、世界最大のゴルフ場としてギネスブックに認定さたコースが広東省にあります。このゴルフ場は1994年に18ホールで開場し、規模の拡大を着々と進め、2010年では10コース（全部で180ホール）となりました。キャディが1500人おり、年間30万人以上のプレーヤーが来場しているそうです。

中国四大料理

四大名菜
スー ター ミン ツァイ
Chinese food

日本語のメニューはありますか？
你有日语菜单吗？
ニー ヨウ リー ユイ ツァイ タン マ
Do you have a Japanese menu?

あまり辛くしないでください
不要太辣了
ブー ヤオ たイ ラー ラ
I don't want it too spicy.

北京料理（山東系）
京菜
チン ツァイ
Beijing Cuisine

北京料理はもともと山東料理が発祥地であり、これに宮廷料理と華北地方の味がミックスした北方料理です。北京には山東料理の老舗「豊沢園」「同和居」があり、宮廷料理では「仿膳」が有名です。麦や雑穀が主食であったことから小麦を原料とする餃子や包子、麺類が多く、魚よりも肉料理が中心になります。宮廷料理の流れを汲んで、歯ざわりのよさ、やわらかさ、強い香りが特徴となっています。調理法は揚げる、炒める、油で煎り煮る、やわらかく煮る、ロースト、とろ火で煮る、あんかけなどがあります。
（代表的な料理：北京ダック、しゃぶしゃぶ）

上海料理（江蘇、浙江系）
上海菜
シャン ハイ ツァイ
Shanghai Cuisine

上海料理は江蘇省、浙江省一帯の料理の総称で、長江下流地域を代表する料理です。長江下流は「魚米之郷」といわれ、水資源と水稲が豊かです。素材は黄海水域の海産物や長江流域の淡水魚を多く用い、米食にあう料理として発展してきました。特徴としてはコクがあって甘く、油けが多く、色が濃く、ふっくらと煮込んだ柔らかさがポイントです。地場の上海料理を出す店には、「上海老飯店」「徳興館」があり、メニューは本地菜と呼ばれています。西欧列強が進出した租界時代には洋食の風味付けが加わって国際的な味覚になり、現在は宴会料理の主流となっています。（代表的な料理：上海蟹、東坡肉）

四川料理
川菜
チュアン ツァイ
Sichuan Cuisine

四川料理は盆地特有の高温多湿の気候風土を背景に発達した料理で、食欲を増進させるための本格的な辛さがメインになっています。冬場は霧が立ちこみ、太陽がほとんど顔を出さないため、「蜀犬日に吠ゆ」と言う諺が生まれました。つまり、太陽がでると犬がびっくりして吠えるとのこと。こうした特殊な気候風土を背景に独特の麻辣の味付けが生まれました。麻は痺れるような山椒の味、辣は唐辛子の辛さを指し、これがミックスして、一度食べたら病み付きになるそうです。四川省は揚子江上流の穀倉地帯にあり、豚肉をはじめ牛肉、鶏、川魚や野菜を材料にします。唐辛子をたっぷり入れるので料理の色は赤みがかかっています。調理法はチリソース煮、辛し炒め、宮保という辛い炒め方、魚香という炒め方が多くなります。（代表的な料理：麻婆豆腐、坦々麺）

広東料理
广东菜
クアン トン ツァイ
Guangdong Cuisine

広東料理は昔から「食在広州（食は広州にあり）」という諺があるように、今や中国料理の代表格となっています。広州を中心に発展した広州菜、客家の料理である東江菜、潮州・汕頭（スワトウ）で発展した潮州菜があります。海産物を中心にフカヒレ、ツバメの巣などバラエティに富み、蛇のスープ、カエルなどの変り種料理があります。澄んだ色と香りが特徴で、味付けも材料の風味を最大限に生かしさっぱりしています。また、有名な飲茶も広東料理の一種です。
（代表的な料理：片皮乳猪／子豚の丸焼き）

46

column ～「中国流」マスターへの道～

中国流・白酒の乾杯

乾杯の集中砲火を覚悟しよう

中国企業とビジネスするにあたって、先方から宴会の誘いを受けることがよくあります。宴会はお互いの親睦を深めるためにありますが、時には白酒の乾杯を繰り返し、盛り上がることがあります。中国企業が催してくれる宴会では大勢の幹部が参加する中、飲み役として選ばれた者がいるとされます。そんな人は「海の量ぐらい飲める」という意味で「海量（ハイ リアン）」と形容されます。そして、日本のお客さんは円卓に座っている人全員から、何かと理由をつけられて「干杯（ガン ベイ）」の集中砲火を受けることがあります。例えば「中日の友好のために、干杯！」、「先生、一杯飲んだとこで、今度は私と干杯しましょう」、「先生は何年生まれですかな。'68年です。'68年といえば、石さんが同い年です。石さん同い年同士で干杯しなさい」といった具合です。中国側の中には「海量」がいて、いつの間にか飲み比べの相手をさせられてしまいます。

白酒はアルコール度50度を越える！

白酒には小さな足付きのグラス盃「小酒杯（シアオ チウ ベイ）」を使いますが、50度以上のアルコール度数の酒をストレートで飲みます。そして飲み干したことを示すため、小酒杯を逆さにして全員にみせることをします。中国では独りで勝手に飲むことがありませんので、自分が飲みたいときには必ずお客さんと一緒に飲みます。たばこも同様で、独りで吸い始める日本人にはあまりいい感じがしません。できれば、自分が吸う前に一言「いかがですか？」と勧めてから、相手が吸わないと悟った上で自分が吸うようにした方がいいでしょう。

義理を欠かさない合言葉はポンポンペイ

中国流白酒宴会はお互いに心を許せる間柄でやりますので、「一緒に杯を交わして、身内同士になりましょう」という意思表示でもあります。三国志の最初の場面「桃園結義（タオ ユアン チェ イー）」で劉備・関羽・張飛の三人が義兄弟の契りを結ぶという、かの有名な故事があります。しかし、白酒は10杯も飲んだら、相当な酒量となります。中国が初めてという日本人は、いわれるがままにつき合ってしまい、言葉が通じないので、中国側の誰かと訳も分からず飲み干します。そんなケースで大抵の人は酔いつぶれてしまいます。そうならないためにも、最初の一杯は義を結ぶつもりで参加し、後は「碰杯！（ポン ポン ペイ）」といって口をつけるだけにしましょう。白酒宴会の本来の目的は乾杯を通じて親交を深めるということですから、自分の飲める量だけ飲んで、それ以上は「あまりたくさん飲めないので……」と乾杯をお断りしても、全く問題はありません。

取引企業訪問

さあ、商談に望もう。仕事の進め方では中国は大ざっぱ。
スケールがまったく違うので、自分のペースを崩さないように。

<ウォヤオト！>
我要的！

ひいっ！

通訳はどちらが用意したかによって、交渉内容の解釈が違ってくることもある。

中国語は時に語気を強めて、発音することが多い。中国人どおしの会話が怒ったように聞こえても、たじろがないこと。

こういう事がしたいんです！

ああいう事もしたいんです！

‥‥‥。

ほかにやりたい事があるんです！

プロジェクトの打合せで中国側から出てくるプランは、大抵コストの裏づけが甘い。
会社の財務データが出てこないことが多い。
あるのは、壮大な構想！

750万元！

800万元！

買い付け交渉は、自分の買いたい値段の8割くらいから持ち出そう。中国側は相手を見て値段を吊り上げてくる。

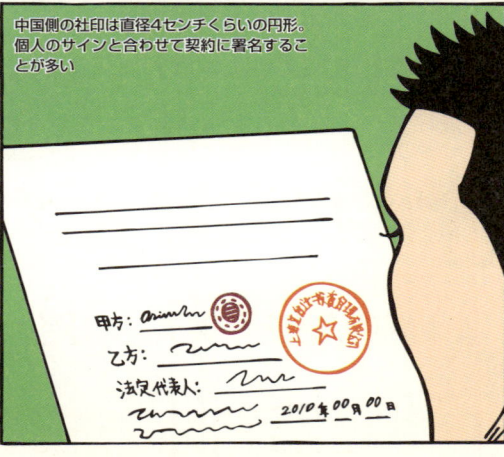

ロットが小さい場合は前金での決済が多い。銀行を通す場合、LC決済も検討する。

商品の引渡条件はEXW（工場渡し）、FOB（本船渡し）、CIF（運賃保険料込）などいろいろあり。
契約書には詳細な条件を入れ忘れないように。

契約は
『合同（ホートン）』
と書くのか…

フムフム

中国側の社印は直径4センチくらいの円形。
個人のサインと合わせて契約に署名することが多い

甲方：
乙方：
法定代表人：
2010年00月00日

海外出張・移動 / オフィス / 接待・食事 / 取引企業訪問 / ビジネス最前線 / 伝えよう / 日本の紹介

★LC決済とは「信用状（→P75）」のことで、銀行を介して決済することをいいます

電話でアポをとる

打电话联系
ダー ティエン ホア リエン シー
Take an appointment over the phone

中国との電話応対について

中国で電話を受けると、まず自分を名乗らない、会社名を出さない、「相手が電話を受けこのまま話していいかどうか」について聞かないなど、3つの「ない」で正に無礼千万に感じることがあります。これは、日本社会が極めて丁寧な応対をする慣習があるとみた方がいいでしょう。また、携帯電話が普及したこともあり、会社の電話より携帯へかけることを望まれる方もおります。自宅の電話より携帯へかける習慣が次第に定着し始めています。

もしもし、こちらは○○商事の木村です
喂,我是○○公司的木村
ウェイ ウオ シー ○○ コォン ズー ト ムー ツゥン
Hallo, this is Kimura of ○○trading company.

楊辰さんをお願いしたいのですが
我找杨辰
ウオ チャオ ヤン チェン
May I speak to Mr.Yang Chen.

おつなぎしますので、そのままお待ちください
我给你接过去,请等一下
ウオ ケイ ニー チエ クオ チュイ チン トン イー シア
Please hold the line. I'll connect to his phone.

あいにく、外出しています
对不起,他外出了
ドイ ブ チー ター ワイ チュー ラ
I'm sorry. He is out of office.

楊辰は、休みです
杨辰休息
ヤン チェン シウ シ
Mr. Yang Chen has taken the day off.

ただいま他の電話に出ています
他在接另外的电话
ター ツァイ チエ リン ワイ ト テイエン ホア
Mr. Yang Chen is on another line.

ご伝言をうけたまわりましょうか?
我可以转达吗?
ウオ ごー イー チョアン ダー マ
Would you like to leave a message?

木村から電話があったとお伝えください
告诉他木村来过电话
カオ スー ター ムー ツゥン ライ クオ テイエン ホア
Could you tell him that Kimura called?

電話番号をいただけますか
能留下您的电话号吗?
ノン リウ シア ニン テイエン ホア ハオ マー マ
May I have your telephone number.

会社名	部署名
公司名	部门名
コォン ズー ミン	ブ メン ミン
company name	division name

電話が終わりましたら、折り返しお電話を差し上げるよう伝えておきます
他接完电话后,我让他给您回电话
ター チエ ワン ティエン ホア ホウ ウオ ラン ター ケイ ニン ホイ ティエン ホア
I'll have him return your phone call as soon as he finishes.

★曜日は「年月日、曜日」(→P90)を参照

お電話をいただきありがとうございます
谢谢您的来电
シェ シェ ニン ドライ ティエン
Thank you for your calling.

来週一度お会いしたいのですが
下周想见个面
シア チョウ シアン チエン ゴ ミエン
Can I see you some time next week?

用件は何でしょうか？
有什么事?
ユー シェン モ シー
May I ask what it is regarding?

私どもの新しい企画についてお話したいのです
谈一谈我们新的计划
タン イー タン ウオ メン シン トチー ホア
It is about our new project.

では、水曜日の午後1時にお待ちしております
那么星期三下午1点等你
ナー モ シン チー サン シア ウー イー ティエン トン ニー
OK, we look forward to see you at 1:00 PM of Wednesday.

貴社へは、どのルートが一番便利ですか？
到你公司去,走哪条道最近?
タオ ニー コォン スー チュイ ツオウ ナー ティアオ タオ ツオイ チン
What is the most convenient way to get to your office.

私のホテルからどれくらいありますか？
离我住的饭店多远?
リー ウオ チュー ト ファン ティエン トゥオ ユアン
How far away is your office located from the hotel where I'm staying?

ここからタクシーでどれくらいですか？
从这里坐出租车需要多长时间?
ツォン チョー リー ヅオ チュー ヂョー シュイ ヤオ トゥオ チャン シー チエン
How long does it take from here by taxi?

申し訳ありません。渋滞に巻き込まれて、到着が10分遅れます
对不起,堵车了,要晚到10分钟
トイ プ ヂー トゥ チョー ラ ヤオ ワン タオ シー フェン チョン
I'm sorry. I'll arrive 10 minutes late, because I'm stuck in traffic.

アポイントを1時半に変更できますか？
约会可不可以改到1点半？
ユエ ホイ コー プ コー イー カイ タオ イー ティエン バン
Could you change the appointment for one thirty?

話し中です
电话占线
ティエン ホア チャン シエン
Line is busy.

間違い電話です
对方打错了
トイ ファン ダー ツオ ラ
You called the wrong number.

使える！ワードバンク ─ 電話・アポ編

電話番号案内	电话导航	ティエン ホア タオ バン
代表電話	总机	ツォン チー
内線	内线	ネイ シェン
ダイヤルイン	直拨	チー ボー
携帯電話	手机	ショウ チー
PHS	小灵通	シアオ リン とォン
新製品	新产品	シン チャン ピン

ひとくちコラム

中国の携帯電話
中国で携帯電話が使えるようになったのは1989年頃からです。最初の携帯電話はモトローラ製の大きな筆箱ほどのサイズで、たいへん重いものでした。当時は携帯を「大哥大 ダー ゴーダー」とよび、「大兄い、大きいね（ナンバーワン）」というニュアンスもあって所有することが一種のステータスシンボルになっていました。いまでは携帯電話のサイズも小さくなり、手のひらに収まるようになったので「手机 ショウ チー」という言い方が定着しています。

★時間は「時間、一日」（→P88）を参照

受付、アポイント
前台、预约
ちエン たイ・ユィ ユエ
Reception desk and appointment

中国のセキュリティ対策

中国の政府機関、国有企業でもテロによる破壊活動が懸念されているため、セキュリティがかなり厳しくなってきました。会社の敷地内に入るとき、車の場合は検問ゲートがあり、バーが下ろされていることもあります。
徒歩の場合はガードマンに身分証の掲示も必要となります。パスポートか、外国人居留証を携行していくことも必要でしょう。

こんにちは、ご用件をお伺いします
请问你找谁？
ちン ウエン ニー チャオ シェイ
Good afternoon. How can I help you.

楊辰さんにお目にかかりたいのですが
我想见杨辰
ヴォ シアン チエン ヤン チェン
I'm here to see Mr. Yangchen.

お名前をいただけますか？
请问你的名字？
ちン ウエン ニー ト ミン ツ
May I have your name.

10時に楊辰さんとお会いする約束をしています
我约的10点见杨辰
ヴォ ユエ ト シー ティエン チエン ヤン チェン
I have an appiontment with Mr. Yangchen at 10 o'clock.

○○商事の木村です
○○公司的木村
○○ こォン ズー ト ムー ツゥン
I'm Ms.Kimura of ○○ Trading company.

10分ほど早く着きました。ここで待っています
我早到了10分钟,我在这里等
ヴォ ヅァオ タオ ラ シー フェン チョン ヴォ ツァイ チョー リー ト
I arrived about 10 minutes early. I will just wait here.

道がかなり込んでいて、5分遅れました
路上堵, 晚了5分钟
ルー シャン トゥ ウン ラ ヴー フェン チョン
I'm 5 minutes late as the traffic was much worse.

ちょっとお待ちください
请稍等
ちン シャオ トン
Just a moment.

お見えになったことをお伝えします
通知他你来了
トォン チー ター ニー ライ ラ
I'll let him know you are here.

使える！ワードバンク 〈来客編〉

受付	前台	ちエン たイ
応接室	接待室	チエ タイ シー
会議室	会议室	ホイ イ シー
待合室	候客室	ホウ ゴー シー
呼鈴	按铃	アン リン
インターホン	对讲机	トイ チアン チー
ガードマン	保安	バオ アン

★中国の首都北京では、地下鉄に乗るときもX線透視による手荷物のセキュリティチェックを行っています。大きな荷物があるときは、タクシーの利用がいいでしょう

どうぞ、お掛けください	お茶をどうぞ	おくつろぎください
請坐	请喝茶	请随意
ちン ヅォ	ちン ホー ちゃー	ちン ヅィ イー
Please take a seat.	Please have some tea.	Please feel at home.

彼は間もなくまいります
他马上就来
たー マー シャン チウ ライ
He said he will be with you sortly.

次の約束は午後4時です
下次约会是下午4点
ジア ツー ユエ ホイ シー ジア ウー スー ティエン
My next appointment is at 4 o'clock in the afternoon.

十分、時間がございます
时间很充裕
シー チエン ヘン チョン ユィ
I have enough time.

おいとまします
告辞
カオ ヅー
I must be going now.

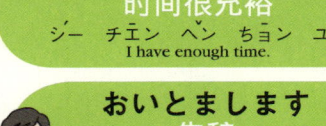

お忘れ物は、ございませんか？
没忘东西吧？
メイ ワン トン シー パ
Isn't there thing left behind?

お時間をとっていただき、ありがとうございました
谢谢你抽出时间
ジエ ジエ ニー チョウ チュー シー チエン
Well, thank you for your time.

次回は東京でお会いしましょう
下次东京见吧
ジア ツー トォン チン チエン パ
Let' see you again in Tokyo.

使える！ワードバンク アポイント編

スケジュール	日程	リー チョン
メッセージ	留言	リウ イエン
取り消し	取消	チュイ シアオ
あいさつ	致辞	チー ツー
予定通り	按计划	アン チー ホア
予定を変更する	改变计划	ガイ ビエン チー ホア

ひとくちコラム
お茶
中国系のオフィスではコーヒー、紅茶をだすような習慣がなく、たいていは中国茶（緑茶、ウーロン茶など）を淹れることが多いです。蓋つきのマグカップに少量の茶葉が入っており、それにお湯をそそぐだけの簡単な飲み方が最もポピュラーです。日本のように女性職員がお盆に乗せて、お茶を運ぶことはありません。給仕が、または接客する人が自分でやります。急須で濾してそそいだお茶が出るのはめったにありませんが、まれに経営者が功夫茶（ゴン　フ　チャー　茶芸）として趣味で淹れてくれるところもあります。

新製品の
紹介

新产品介绍
ジン チャン ピン チエ シャオ
Introduction of products

新製品

中国は精密な技術、新素材の開発より、来様加工（ライヤン チア ゴン）といわれるようにこれらの製品・部品を使った完成品組立を得意としています。そのため、多くの競合商品が出てくることが多く、似たようなメーカーがよく乱立します。特許に対する認識が甘く、商標登録、著作権が守られないことがしばしばありますので、十分注意して商談に臨みましょう。

商標登録
注册商标
チュー ツォー シャン ピアオ
trademark

出願人
申请人
シェン チン レン
applicant

製造法特許
生产方法专利
ション ちャン ファン ファ チョアン リー
manufacturing process

異議申し立て
提出异议
ティ チュー イー イー
objection

著作権
著作权
チュー ツォ チュアン
copyright

意匠（デザイン）
匠心
チアン シン
design

特許
专利
チョアン リー
patent

本日はお時間をとっていただき、まことにありがとうございます
感谢你今天抽出时间
ガン シエ ニー チン ティエン ちョウ チュー ジー チエン
Thank you very much for talking the time to see me today.

本日は私どもの新製品をご案内いたします
我介绍一下新产品
ウォ チエ シャオ イー シア シン ちャン ピン
I suggest our new product today.

前より便利になりました
比以前方便了
ビー イー チエン ファン ピエン ラ
It is more convenient than the former one

ソフトの機能が強化されました
软件的功能增强了
ルアン チエン ト コォン ノン ツォン チアン ラ
The functioning of this software has been greatly improved.

革新的な技術を利用しています
利用了革新的技术
リー ヨン ラ ゴー ジン ト チー シュー
Innovative technology has been applied.

この製品は特許が出ていますか？
这个产品有专利吗？
チョー ゴ チャン ピン ユー チョアン リー マ
Is this product patented?

この製品は特許が出ています
这个产品有专利
チョー ゴ チャン ピン ユー チョアン リー
This product is patented.

特許は出願中です
专利正在申请
チョアン リー チョン ツァイ シェン ヂン
The patent is pending.

この商標は登録されていますか？
这个商标注册了吗？
チョー ゴ シャン ビアオ チュー ツォー ラ マ
Is this trademark registered?

商標登録は10年間の有効です
这个商标注册10年有效
チョー ゴ シャン ビアオ チュー ツォー シー ニェン ユー シアオ
Trademark registration is good for 10 years.

発売日は4月1日です
4月1日开始销售
スー ユエ イー リー がイ シー シアオ ショウ
The launch date is April 1.

これは試作品です
这是试产品
チョー シー シー チャン ピン
This is a sample from trial production.

仕様書を作ります
作说明书
ツオ シュオ ミン シュー
Specifications will be prepared.

技術的に可能です
技术上是可行的
チー シュー シャン シー ゴー シン ト
This is technicaly possible.

市場規模
市场规模
シー ちゃン ゴイ モー
market size

潜在市場
潜在市场
ちエン ツァイ シー ちゃン
potential market

キャンペーン
宣传月
シュアン ちョアン ユエ
campaign

サンプル
样品
ヤン ピン
sample

使える！ワードバンク 商品編

出荷	出库	ちゅー くー
在庫	库存	くー つゥン
研究開発	研究开发	イェン ヂウ かイ ファー
品質	品质	ピン チー
耐久性	耐用性	ナイ ヨン シン
包装	包装	バオ ちョアン
アンケート調査	民意调查	ミン イ ティアオ ちゃー

競合品　竞争商品　ヂン チョン シャン ピン

ひとくちコラム
中国の特許の種類
・发明专利（ファー ミン チョアン リー）…日本の「特許」に相当
・实用新型专利（シー ヨン シン ジン チョアン リー）…日本の「実用新案」に相当
・外观设计专利（ワイ コアン ショー チー チョアン リー）…日本の「意匠」に相当

会議室で

在会议室
ツァイ ホイ イー シー
Meeting room.

会議の決定

中国語の「开会 かイ ホイ（会議）」は日本の会議より広い意味を持っていますが、そこでの決定は重要な位置づけを持っています。日本の「会して議せず、議して決せず、決して行わず、これ"怪議"という」ようには、なりません。中国で開催される会議は非常に多くても、そこでの決定は日本と違ってかなり実行に移されることが多いです。

会議は何時から始まりますか？
会议几点开始？
ホイ イー チー ティエン かイ シー
What time will the meeting begin?

会議には通訳が出席します
会上有翻译
ホイ シャン ユー ファン イー
There will be interpreters at the meeting.

明日の会議には出席してほしい
希望你明天出席会议
シー ワン ニー ミン ティエン チュー シー ホイ イー
I'd like you to attend tomorrow's meeting.

欠席します
我不出席
ウオ ブー チュー シー
I will not attend the meeting

資料は何部作りましょうか？
资料准备几份
ツー リアオ チュン ペイ チー フェン
How many sets should we prepare?

資料は12部作って下さい
资料准备12份
ツー リアオ チュン ペイ シー アル フェン
Would you please make twelve sets.

定例会	会議の目的	決議
例会	会议的目的	决议
リー ホイ	ホイ イー ト ムー ティ	チュエ イー
regular conference	meeting objective	decision

歓迎のことば	閉会の挨拶	質疑応答
欢迎词	闭幕词	答疑
ホアン イン ツー	ビー ムー ツー	ダー イー
welcom	opening address	question-and-answer

ひとつ問題を提起します
提一个问题
ティー イー コ ウエン ティ
I want to make a point.

何かご意見はありますか？
有什么意见吗？
ユー シェン モ イー チエン マ
Do you have any comment ?

お忙しいところお集まりいただき、ありがとうございました
感谢大家百忙之中光临
ガン シエ ダー チア バイ マン チー チョン コアン リン
Thank you for your attending this meeting in spite of your busy schedule.

取引企業訪問

司会 / 司仪 / ズー イー / chairperson

少数意見 / 少数意见 / シャオ シュー イー チエン / minority opinion

私語 / 耳语 / アル ユィ / talk in whispers

スクリーン / 屏幕 / ピン ムー / screen

パワーポイント / 幻灯片 / ホアン トン ピエン / pawer point

ポインター / 指示棒 / チー シー バン / pointer

プレゼンテーション / 演示 / イエン シー / presentation

議事録 / 会议纪要 / ホイ イー チー ヤオ / conference minutes

プロジェクター / 投影仪 / トウ イン イー / projector

挙手 / 举手 / チュイ ショウ / show of hands

マイク / 麦克风 / マイ ゴー フォン / microphone

メモ用紙 / 便笺 / ピエン チエン / memo pad

会議のまとめ役 / 会议统筹人 / ホイ イー トン チョウ レン / conference organizer

添付資料 / 参考资料 / ツァン カオ ツー リアオ / attached document

レジュメ / 摘要 / チャイ ヤオ / resume

次の議題に移りましょうか
谈下一个问题
タン シア イー コ ウエン ティ
Shall we move on to the next subject ?

結論は得られませんでした
没有结论
メイ ユー チエ ルゥン
No conclusion was reached.

賛成多数で提案は受け入れられました
以多数票通过议案
イー トゥオ シュー ピアオ トン クオ イー アン
The proposal was supported by the majority.

ご静聴いただき、誠にありがとうございました
谢谢大家的聆听
シエ シエ ダー チア ト リン ティン
I would like to thank you all for listening so attentively.

ひとくちコラム

テレビ会議・Web会議
近年、日本と中国との間ではTVスクリーンを使った会議のシステムが多く使われています。普段使っている会議室でも簡単に設定でき、テーブルの中央に置く簡単な収音マイクとTVだけで機能します。まず、メールか電話で会議の時間を約束し、その時間になったら参加者が全員会議室に集まります。TV会議は、出張旅費と時間の節約になるため、本社、海外支店、現地法人とのコミュニケーションには欠かせないツールとなりつつあります。

海外出張・移動 | オフィス | 接待・食事 | 取引企業訪問 | ビジネス最前線 | 伝えよう | 日本の紹介

契約交渉

合同谈判
ホー とォン たン ぱン
Contract talk

契約条項

中国と契約交渉するときは友好的に行われることが多いため、契約条項は前向きの部分に目を向けがちです。中国との契約交渉では取引環境の変化、資金手当の不備など不測の事態が起こることも珍しくありません。そうなった時、困らないように、解約条項、撤退条項は忘れずに設けましょう。「その都度、協議する」という安易な先送りは、避けておくべきです。

使える！ワードバンク 〈交渉編〉

日本語	中国語	発音
売買契約書	买卖合同	マイ マイ ホー とォン
代理店契約書	代理合同	ダイ リー ホー とォン
委託契約書	委托合同	ウェイ とゥオ ホー とォン
合併契約書	合资合同	ホー ヅー ホー とォン
雇用契約書	劳动合同	ラオ トォン ホー とォン
取扱商品	经营的商品	チン イン ト シャン ぴン
販売価格	销售价格	シアオ ショウ チア コー
支払い条件	付款条件	ブー こアン テイアオ チエン
商標の使用	商标的使用	シャン ピアオ ト シー ヨン
販売地域	销售地区	シアオ ショウ ディ ちュイ
納期	交货	チアオ フォ
リードタイム	交货期	チアオ フォ ちー

契約書の作成に入りたい
希望研究制作合同文本
シー ワン イェン チウ チー ツォ ホー とォン ウェン ベン
We'd like to make an agreement.

契約条件について話し合いたい
希望谈合同条款
シー ワン たン ホー とォン ティアオ こアン
We'd like to discuss the conditions of the contract.

契約書の項目は、価格、引き渡し、決済条件です
合同的内容有价格、交货、结算条件
ホー とォン ト ネイ ロン ユー チア コー、チアオ フォ、チエ スアン ティアオ チエン
The provisions of the sales agreement are price, delivery and terms of payment.

契約書の有効期限は１年としましょう
合同有效期定为1年吧
ホー とォン ユー シアオ ちー ティン ウェイ イー ニェン パ
We'd like to have the agreement be valid for one year.

第5条については、表現が適切ではないと思う。再度検討して下さい
第5条的用辞不太贴切,希望再研究研究
ディ ウー ティアオ ト ヨン ツー プ たイ テイエ ちエ、シー ワン ツァイ イェン チウ イェン チウ
We think the expression of the 5th article is inadequate. We ask you to reconsider it.

5月15日までに契約書に署名していただけると思っております
估计5月15日前可以签约
グー チー ヴー ユエ シー ヴー リー チエン ゴー イー チエン ユエ
I assume that you will sign on the contract by May. 15.

見積りの価格は上海での工場渡しです
报价是在上海工厂的提货价
バオ チア シー ツァイ シャン バイ コォン チャント ティ ブオ チア
The price quoted is EXW Shanghai.

船側渡し
离港价
リー ガン チア
FAS

本船渡し
离岸价
リー アン チア
FOB

運賃込価格
包运费价
バオ ユン フェイ チア
C&F

運賃保険料込価格
到岸价
ダオ アン チア
CIF

支払いは信用状で行います
用信用证结算
ヨン シン ヨン チョン チエ スアン
Payment will be made by a letter of credit.

金銭、物品の授受にかかわる取り決め
交易的约定
チアオ イー ト ユエ ティン
payment and supply term

現金
现金
シエン チン
cash

小切手
支票
チー ピアオ
check

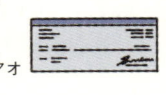

電信送金
电汇
ティエン ホイ
telegraphic transfer

表題
标题
ピアオ ティ
title

頭書
眉批
メイ ビー
premises

前文
序文
シュイ ウエン
whereas clause

注文
订货
ティン フオ
order

保証
保证
バオ チョン
warranty

不可抗力
不可抗力
ブー ゴー カン リー
force majeure

適用法律
适用法律
シー ヨン ファ リュイ
law governing

ひとくちコラム
中国側の法人印・署名
中国の法人印は五センチぐらいの朱色の丸印で、これに総経理または副総経理の署名が加わります。中国の法人印は工商行政管理局で届け出たものになります。個人印は使いません。日本語・中国語両方で作成されることが多いですが、契約書の適用法律を香港の法規とする場合、英語での契約書作成が必要になります。

ビジネスレター の書き方

商務信函的写法
シャン ウー シン バン ト ジエ ファー
How to write a Business letter

手紙のやり取り

電子メールで連絡することが多くなっても、会社の案内状、就任の挨拶状などは、やはり手紙でやり取りします。特にフォーマルな感謝状、書籍・小包の送付状は書信で出す必要がでてきます。その時に知っておくと便利な手紙の書き方について、ご紹介しましょう。

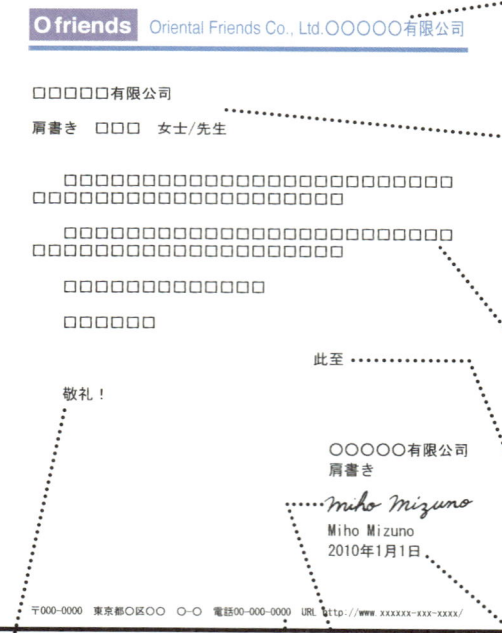

Ofriends　Oriental Friends Co., Ltd.○○○○○有限公司

□□□□□有限公司

肩書き　□□□　女士/先生

□□□□□□□□□□□□□□□□□□□□□
□□□□□□□□□□□□□□□□□□□□□

□□□□□□□□□□□□□□□□□□□
□□□□□□□□□□□□□□□□□□

□□□□□□□□□□□□□□

□□□□□□

此至

敬礼！

○○○○○有限公司
肩書き

miho Mizuno
Miho Mizuno
2010年1月1日

〒000-0000　東京都○区○○　○-○　電話00-000-0000　URL http://www.xxxxxx-xxx-xxxx/

---

① レターヘッド
自社専用のレターヘッドがあれば、これを台紙に使う。レターヘッドがない場合は、ワードで作成し、会社のロゴ、社名の順に入れます。

② 社名・宛名
レターヘッドより2、3行下げた左側に頭をそろえ、受取人の社名、肩書き、氏名、敬称の順に。苗字と名前の間にはスペースを入れないのが一般的。受取人が女性の場合は「女士」、男性の場合は「先生」と入れます。肩書きは氏名の後に入れることもあります。

③ 本文
左側にそろえ、段落ごとに最初の一行の書き出しは2字下げて書きます。段落ごとに行間を一行あけると、より見やすくなります。

④ 常套語
「此致 ツー チー」は「以上の通り申し上げます」という意で、書簡の末尾につける常套語。この後に続けて「敬礼 チン リー（敬具）」と入れる場合もあります。

⑤ 末尾の言葉
以前は書簡の用語に厳格な決まり事がありましたが、今はいろいろな使い方がされています。例を参考に自分にあった用語を。

⑥ 社名・差出人
差出人の社名、肩書きを入れ、その後にサイン。署名人の氏名がわかるように活字も添えておくと親切です。

⑦ 日付
日付は最後に入れるのが中国の習慣です。

⑧ フッター
レターヘッドによっては、ページの下に小さな字で住所、電話番号、URLを入れる形式のものです。

🐼 ひとくちコラム

中国向けの郵便
同じ漢字を使う民族なので、あて名書きは漢字で書いても届きます。但し、海外便の場合、万一誤って漢字圏以外の国に配達される場合がありますので、宛名の最後に「China」または「P.R.China」と入れておくことをおすすめします。

★宛名にある公司は会社の意味で「公司　コォン スー」、女士は女性に対する敬称で「女士　ニュイ シー」、男性なら先生で「先生　シエン ション」となります

③ 契約書を同封しましたのでご確認ください
这里是合同,请确认
チョー リー シー ホー とオン ぢン ちュエ レン
Please review the enclosed contract.

③ このたび新製品の販売を開始しました
现在新产品开始销售了
シエン ツァイ シン チャン ピン がイ シー シアオ ショウ ラ
We have just lauched the new product.

③ 同封しましたカタログは当社のすべての商品が掲載されています
这里的目录刊登了我公司所有的商品
チョ リー ト ムー ルー カン トン ラ ウォ コォン スー スォ ユー ト シャン ピン
The enclosed catalog covers all of our products.

③ 販売契約書正副各1通を同封してお送りいたします
销售合同的正、副本各1份寄给你
シアオ ショウ ホー とオン ト チョン フ ベン コー イー フェン ヂー ゲイ ニー
The original and one copy of sales agreement are enclosed.

③ 異存がなければ、ご署名の上、正本を当社までご返送下さい
如果没有异议,请签好后将正本寄回我公司
ルー グオ メイ ユー イー イー ぢン ちエン ハオ ホウ チアン チョン ベン ヂー ホイ ウォ コォン スー
If it is all right with you, please sigh both copies and return the original to our company.

③ 社命により上海へ転勤となりました
根据公司的任命,我调到上海工作
ゲン チュイ コォン スー ト レン ミン ウォ ティアオ タオ シャン バイ コォン ヅオ
My company assignment requires my transfer to Shanghai.

③ 6月20～25日に中国を訪問する予定です
我准备6月20 日-25日到中国访问
ウォ チュン ペイ リウ ユエ アル シー リー チー アル シー ウー リー タオ チョン グオ ファン ウエン
I have pencilled in 20-25 Jun to visit China.

⑤ ますますのご発展をお祈り申し上げます
谨祝 繁荣昌盛！
ぢン チュー ファン ロン チャン ション
Best wishes in your future business endeavors.

⑤ (先方の) 幸福を慶賀します
商祺！
シャン ぢー
Best wishes for your success!

⑤ 何卒、よろしくお願いします
请多多关照
ぢン トウ トウ コアン チャオ
with best regards

使える！ワードバンク 手紙編

便箋	便笺	ピエン チエン
レターヘッド	笺头	チエン トウ
封筒	信封	シン フォン
送り状	发货单	ファー フォ ダン
宅配便	送货服务	ソン フォ ブー ウー
切手	邮票	ユー ピアオ
郵便番号	邮编	ユー ピエン
追伸	再启	ツァイ ぢー
航空便	航空件	ハン コォン チエン
速達	快递	こアイ ティ
印刷物扱い	印刷品	イン ショア ピン
親展	亲展	ぢン チャン

★ビジネスレターでよく使用する "各位"「各位 ゴー ウエイ」も、そのまま使います

インターネット

互联网
フー リエン ワン
Internet

中国のインターネット人口

中国のインターネット人口が2009年6月末で3億3800万人となり、米国の総人口を上回って世界最大となりました。中国では95%がブロードバンド環境にあり、郊外でも92.5%がネット接続可能な電話回線を敷いています。特に都市部の公共の場は日本よりIT化が進んでおり、ホテルの部屋、カフェ、駅、広場などネット環境が相当進んでいます。

当社はホームページを開設しました
我公司建立了主页
ヴォ コォン ズー チエン リー ラ チュー イエ
Our company opened our homepage.

製品の詳細については、当社ホームページをご覧ください
产品的详细介绍,请看我公司的网站
チャン ピン ティ シアン シー チエ シャオ ちン カン ヴォ コォン スー トゥ ワン チャン
Please visit our Web site for the details of product.

会社のホームページをお持ちでしたらアドレスを教えてください
你公司有网站吗?请告诉我网址
ニー コォン ズー ユー ワン チャン マ? ちン カオ スー ヴォ ワン チー
If you have the information on your web site, please let us know the address.

ホームページは頻繁に更新することが大切です
主页经常更新很重要
チュー イエ チン ちャン ゴン シン ヘン チョン ヤオ
It is important to revise your homepage frequently.

インターネットは今日の社会において欠かせない情報伝達の手段になりつつあります
互联网是当今社会不可缺少的信息交流手段
フー リエン ワン シー タン チン ショー ホイ ブー コー ちュエ シャオ トゥ シン シー チアオ リウ ショウ トァン
The Internet is becoming an essential means of communication in today's society.

マウスでOKボタンをクリックして下さい
用鼠标点击OK
ヨン シュー ピアオ ティエン チー
Please use your mouse to click the OK button.

ウィルス対策ソフトのインストールを義務付けています
规定安装防病毒软件
ゴイ ティン アン チョアン ファン ビン トゥ ルアン チエン
It is mandatory that you install the new release of antivirus software.

お気に入り
収藏夹
ショウ ツァン チア
favorite

お気に入りに加える
収藏
ショウ ツァン
bookmark

URL
网址
ワン ヂー
URL

ブラウザ（閲覧ソフト）
浏览器
リゥ ラン ヂー
browser

アイコン
图标
トゥ ビアオ
icon

ドラッグ
拖
トゥオ
drag

検索
检索
チエン スオ
search

クリック
点击
ティエン チー
click

ダブルクリック
双击
ショアン チー
double-click

マウス
鼠标
シュー ビアオ
mouse

スタンバイモード
睡眠
ショイ ミエン
standby mode

シャットダウン
关机
コアン チー
shut down

グーグル
谷歌
グー コー
Google

ヤフー
雅虎
ヤー フー
Yahoo!

ノートブック型パソコン
手提电脑
ショウ ティ ティエン ナオ
notebook machine

デスクトップ型パソコン
台式机
タイ シー チー
desktop PC

ウィルス対策ソフト
杀毒软件
シャー トゥ ルアン チエン
antivirus software

ウィンドウズ
视窗系统
シー チョアン シー トォン
Windows

無線LAN
无线网络
ウー シエン ワン ルオ
wireless LAN

マッキントッシュ
苹果机
ピン クオ チー
Mackintosh

プリンター
打印机
ダー イン チー
printer

百度
百度
バイ トゥ
Baidu

中国ではグーグルより人気があるサイトです。

捜狐
捜狐
ゾウ フー
Sohu

新浪
新浪
シン ラン
Sina

ヤフーに似た中国系のサイトで根強い人気があります。

ひとくちコラム
中国のサイト閲覧
日本のパソコンでも中国語のサイトを閲覧することができますが、検索する時に必要となる中国語入力ができません。中国語入力ができるようにするには、コントロールパネルを開いて「地域と言語のオプション」で言語の追加設定を行ってください（Windows XP以降で可）。また中国で自分のパソコンをネットにつなぐときは、細心の注意が必要です。ウィルス予防ソフトなどは必ず使用するようにしましょう。

海外出張・移動 | オフィス | 接待・食事 | 取引企業訪問 | ビジネス最前線 | 伝えよう | 日本の紹介

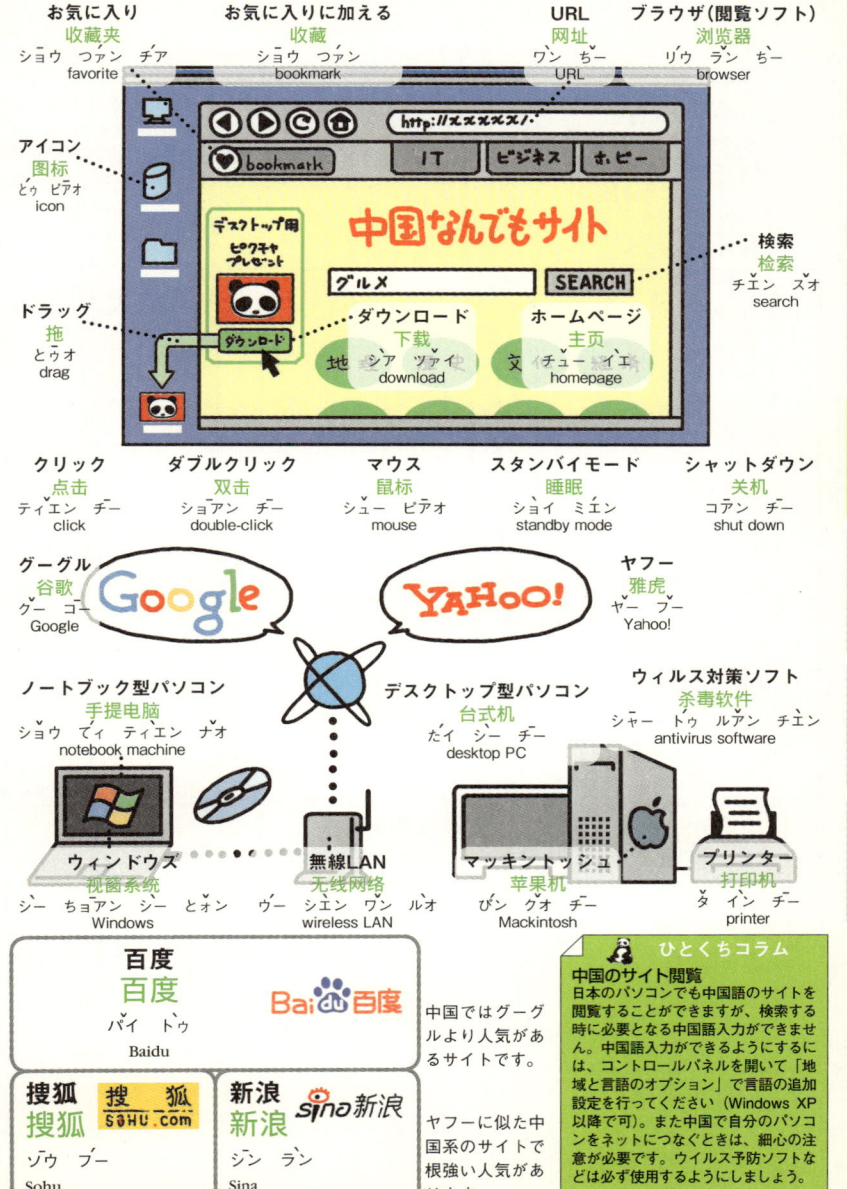

電子メール

电子邮件
ティエン ヅー ユー チエン
E-mail

ビジネスでの電子メール

ネット人口が3億人を超える中国とのビジネス上の連絡には、電子メールが欠かせないツールになっています。電子メールは手紙より自由な形式で送信することができます。特に一日に何度もやり取りする際には、前書きを省き、必要な用件だけを記載することもしばしばあります。次のイラストは中国語のOSを使ったパソコンでメールを受信した場合の見本で、相手方がどのように受信しているか、その事例を紹介します。

```
① 发件人: Michio Mizuno [mailto:xxxxx.xxxxx@xxxxx.xxx]
② 发送时间: 2010 年 3 月 10 日 15:24
③ 收件人: 杨辰
④ 抄送: 马飞虹
⑤ 主题: RE: Electrode Plate for Alkaline Battery
⑥ 重要性: 高
```

⑦ [本文欄]

```
*********************
⑧ 东方之友公司 水野
   Oriental Friends Co., Ltd.
   日本国 东京都○○区○○町○○-○○

   mailto:xxxxx.xxxxx@xxxxx.xxx
   电话+81-80-0000-0000
   http//xxxxx.xxxxxxxxxx.xxxxx/
*********************
```

① 送信者 发信人 ファー ジン レン sender (From:)		
② 送信日時 发信时间 ファー ジン ジー チエン sent date and time		
③ 受取人 收信人 ショウ ジン レン addressee (To:)		
④ CC (カーボンコピー) 抄送 チャオ ゾン carbon copy (CC:)		
⑤ 件名 题目 ティ ムー subject	**見積もりのお願い** 寻价 シュン チア Request for quotation	**BCC (ブラインドカーボンコピー)** 秘密抄送 ミー ミー チャオ ゾン blind carbon copy (BCC:)
お問い合わせ 询问 シュン ウエン Inquiry	**アポイントメントの依頼** 请求会面 チン チウ ホイ ミエン Request for appointment	**至急、回覧してください** 请赶快答复 チン ガン コアイ ダー フー Please reply ASAP.
⑥ 重要度 重要度 チョン ヤオ トゥ priority	**⑦ 本文** 正文 チョン ウエン main body	**⑧ 社名・差出人** 公司名/发信人 コォン ズー ミン・ファー ジン レン corporate name & sender

★ASAPは、as soon as possible の略で、大至急という意味になります

ご質問やご意見がございましたらメール（xx@xx.com）にてお送りください
如有疑问或建议请发邮件到下方的地址（xx@xx.com）
ルー ユー イー ウエン フォ チエン イー ヂン ファー ユー チエン タオ シア ファン ト ティー ヂー
If you have any questions or comments, please contact us via email at xx@xx.com.

いただいたメールが文字化けしていました
接到的电邮是乱码
チエ タオ ト ティエン ユー シー ルアン マー
Your mail is garbled.

送信	返信	全員へ返信	転送
发信	回信	给全体人回	转发
ファー シン	ホイ シン	ゲイ チュアン ティ レン ホイ	チョアン ファー
send	reply	reply to all	pass along

使える！ワードバンク　メール編

新規作成	新写 シン ジエ	ウェブメール	网页邮件 ワン イエ ユー チエン
添付ファイル	附件 フー チエン	削除	删除 シャン ちゅー
文字化け	乱码 ルアン マー	アドレス帳	地址簿 ティー ヂー ブー
受信トレイ	收件夹 ショウ チエン チア	送信トレイ	寄件夹 チー チエン チア
ウィルスメール	病毒邮件 ビン トゥ ユー チエン	配信停止	停发 ティン ファー
送信エラー	发信失败 ファー シン シー バイ		
メール障害	邮件故障 ユー チエン グー チャン		
迷惑メール	垃圾邮件 ラー ヂー ユー チエン		
メールサーバー	邮件服务器 ユー チエン フー ウー ちー		
メールの容量制限	邮件容量限制 ユー チエン ロン リアン シエン チー		
メールマガジン	电子邮件杂志 ティエン ヅー ユー チエン ヅァ ヂー		
送信済みメール	已发送邮件 イー ファー ソン ユー チエン		

ひとくちコラム

インスタント・メッセージ
中国ではチャット形式でメッセージを交換するインスタントメッセージの人気が高まっています。相手がオンラインであれば、いつでも無料でテキストによる対話ができ、ファイルを送信したり、参照するホームページのリンクを交換したりすることが可能となりました。簡単で迅速に情報を伝達することができ、ビジネスでも次第に利用されるようになっています。

株主総会

股东大会
グー トォン ダー ホイ
General meeting of shareholders

中国企業の株主総会

日本の会社が中国企業に出資し、そこの大株主となると、年に一回開催される株主総会に参加する必要がでてきます。また、日本から社員を送り込み、役員として取締役会に出席する機会も増えてきました。日本側の代表として派遣される役職員の最大の悩みは、中国語で交わされる株主総会と取締役会の対策であり、通訳を介して議事が進行しても、そのスピードに追い付けないのが実情です。

株主総会を開催します
召开股东大会
チャオ カイ グー トォン ダー ホイ
The general meeting of shareholders is now called to order.

○○氏が議長を務めます
○○做大会主席
○○ツオ ダー ホイ チュー シー
Mr. ○○ will chair the meeting.

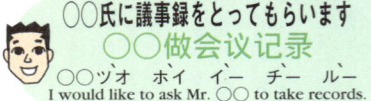

○○氏に議事録をとってもらいます
○○做会议记录
○○ツオ ホイ イー チー ルー
I would like to ask Mr. ○○ to take records.

本日は議題に従って議事を進めます
今天根据议题进行讨论
チン ティエン ゲン チュイ イー ティ チン シン たオ ルゥン
I would like to proceed with the meeting following the agenda.

監査役から会計監査の報告に入ります
下面由监事做财务审查报告
シア ミエン ユー チエン シー ツオ ツァイ ウー シェン チャー バオ カオ
I would like to proceed the audit report by our inspector.

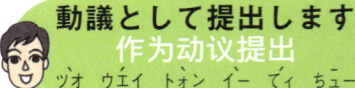

動議として提出します
作为动议提出
ツオ ウエイ トォン イー ティ チュー
I make a motion.

票決をとります
下面投票表决
シア ミエン トウ ピアオ ピアオ チュエ
We will now vote.

賛成の方は手を挙げてください
赞成的请举手
ツァン チョン ト チン チュイ ショウ
All in favor, please raise your hands.

反対の方は手を挙げてください
反对的请举手
ファン トイ ト チン チュイ ショウ
Those opposed, please raise your hands.

賛成26、反対2でした
赞成26票，反对2票
ツァン チョン アル シー リウ ピアオ, ファン トイ リァン ピアオ
Vote 26 in favor and 2 opposed.

賛成多数で動議は可決されました
已赞成的多数通过
イー ツァン チョン ト トゥオ シュー トォン グオ
The motion is carried by majority vote.

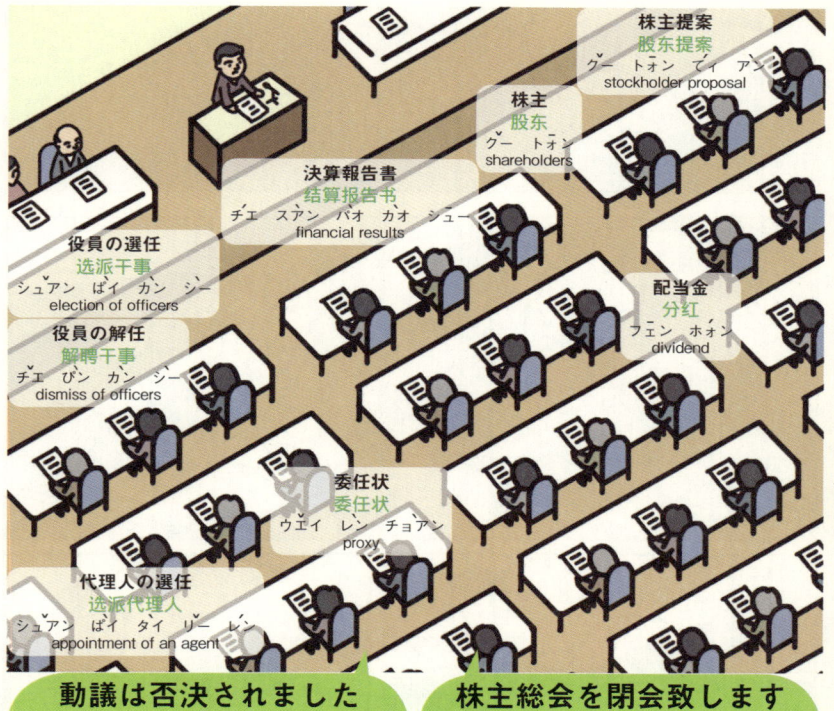

株主総会編

日本語	中国語	ピンイン	English
株主提案	股东提案	グー トォン ティ アン	stockholder proposal
株主	股东	グー トォン	shareholders
決算報告書	结算报告书	チエ スアン バオ カオ シュー	financial results
役員の選任	选派干事	シュアン パイ カン シー	election of officers
役員の解任	解聘干事	チエ ピン カン シー	dismiss of officers
配当金	分红	フェン ホォン	dividend
委任状	委任状	ウエイ レン チョアン	proxy
代理人の選任	选派代理人	シュアン パイ タイ リー レン	appointment of an agent

動議は否決されました
动议被否决了
トォン イー ペイ フォウ チュエ ラ
The motion is lost.

株主総会を閉会致します
股东大会闭幕
グー トォン ダー ホイ ビー ムー
The general meeting of shareholders is adjourned.

使える！ワードバンク　株主総会編

株主名簿	股东名单	グー トォン ミン ダン
代理人名簿	代理人名单	タイ リー レン ミン ダン
定款の変更	章程的变更	チャン チョン ト ビエン コン
合併動議	合并动议	ホー ビン トォン イー
行動計画	行动计划	シン トォン チー ホア
定足数	法定人数	ファー ティン レン シュー
委任状争奪戦	委任状争夺战	ウエイ レン チョアン チョン トゥオ チャン
株主代表訴訟	股东代表诉讼	グー トォン タイ ビアオ スー ソン
臨時株主総会	临时股东大会	リン シー グー トォン ダー ホイ

ひとくちコラム

年度決算の董事会
中国の会社は12月末が決算期となります。そして、年度の決算を承認するための取締役会（董事会トォン シー ホイ）が旧正月（春節ちユン　チエ）明けの2-3月に開催され、そこでは決算の承認、出資者への配当が決議されます。一方、日本側の出資企業は3月末の決算の承認、配当を前もって確定してもらわなければ困るという事情もあり、中国側の企業も大株主のために早めの開催で対策をとることが多いようです。
一般の中国企業は5月頃に前期の決算が公表され、半年近く経ってから株主総会を開くことがあります。

ビジネス最前線

近年は、中国に生産拠点を移す日本企業が多くなってきた。中国企業に入社して活躍する日本人ビジネスマンも増えてきた。中国のビジネス最前線。

業種によって生産ラインの自動化が異なる。「女工（ニュイコン）」（女性作業員）が多く配置される工場は組立加工の比較的単純な作業が多く、アパレル、家電製品に多い。

若い女性が多いなぁ♥

チラ

みんな、地方から出てきた人です。お金を貯めて親元に仕送りしています。

「来样加工」ライヤンチアコン
海外からは見本（「样子」ヤンヅ）の提供を受け、委託加工で生産すること。

SAMPLE

品質管理は？

品質検査は？

歩留まりは？

えーっと

68

工場は生産ラインだけではありません。完成品の保管状態がどうなっているかチェックするためにも、倉庫はしっかり見ておこう！

入金から約2週間で出荷できます！

そうですか！

納期は余裕をもって見積もろう！

きちんと管理されている。これなら安心だ。

在庫の流れ、段ボールの表示から、商品の人気度がわかり、どの国へ出荷されているか、確かめることができる！

海外出張・移動 / オフィス / 接待・食事 / 取引企業訪問 / ビジネス最前線 / 伝えよう / 日本の紹介

工場見学

参観工厂
ツァン コアン コォン ちゃン
Factory tour

中国の工場

中国の工場といえば数年前までは「キタナイ、キツイ、キケン」の3Kと比喩されていました。しかし、最近は訓練されたワーカーの整理整頓が工場内の隅々まで行き届くようになりました。労働集約型の生産ラインは若い労働者が多く、それぞれのポジションをよく守っています。ただ、日本と異なるのは中国の労働者は与えられた役割の範囲だけで、応用が利かない点にありますが、これは雇用契約によって調整していくことが大事です。

それでは、工場をご案内します
下面帯大家参観工厂
シア ミエン タイ ター ヂア ツァン コアン コォン ちゃン
I will show you around our factory then.

ここは最新式の工場です
这是最新式的厂房
チョー シー ツォイ シン シート ちぇン ファン
This is an up-to-date factory.

工場長がオペレーションをご覧に入れます
厂长给大家演示
ちゃン ちゃン ゲイ ター ヂア イエン シー
Our plant manager will show you the operation.

この工作機械はドイツ製です
这个设备是德国造的
チョー コ ショー ベイ シー ト クオ ツァオ ト
This machine tool was made in Germany.

歩留りは99%です
合格率为99%
ホー ゴー リュイ ウエイ バイ フェン チー ヂゥ ジー ヂゥ
The acceptance rate is 99%.

不良品は1000個あたり約5個です
1000个产品里大概有5个不合格
イー ちエン コ ちゃン ぴン リー ター カイ ユー ウー コ ブー ホー ゴー
About five defective are found in every one thousand.

使える！ワードバンク 〈工場編〉

工業団地	工业基地 コォン イエ ヂー ディ
生産ライン	生产线 ションちゃン シエン
生産能力	生产能力 ション ちゃン ノン リー
作業員	工人 コォン レン
検知器	检测器 ヂエン ツォ ヂー
前工程	前一道工序 ちエン イー タオ コォン シュイ
8時間労働制	8小时工作制 バー シアオ ジー コォン ツオ ヂー
2交代制	两班倒 リアン バン タオ
不良品	不合格产品 ブー ホー ゴー ちゃン ぴン
歩留り	合格率 ホー ゴー リュイ

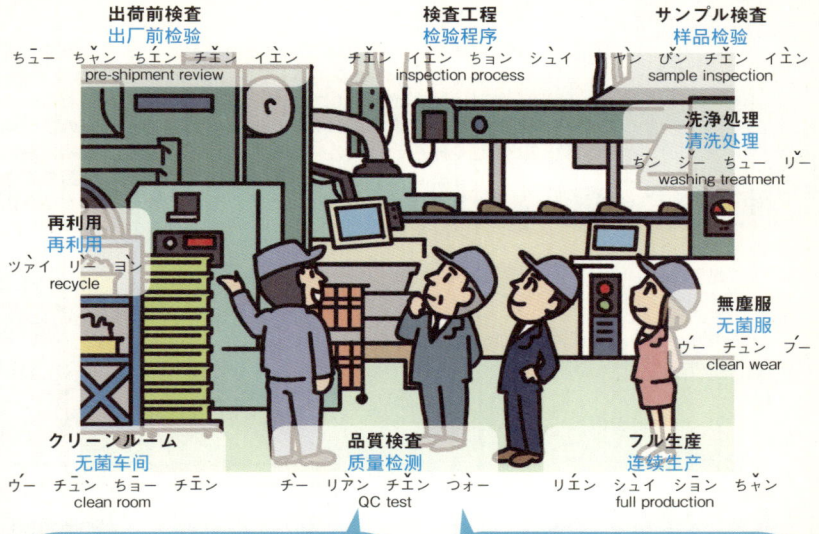

出荷前検査
出厂前检验
ちゅー ちゃん ちえン チエン イエン
pre-shipment review

検査工程
检验程序
チエン イエン チョン シュイ
inspection process

サンプル検査
样品检验
ヤン ピン チエン イエン
sample inspection

洗浄処理
清洗处理
チン ジー チュー リー
washing treatment

再利用
再利用
ツァイ リー ヨン
recycle

無塵服
无菌服
ウー チュン ブー
clean wear

クリーンルーム
无菌车间
ウー チュン チョー チエン
clean room

品質検査
质量检测
チー リアン チエン ツォー
QC test

フル生産
连续生产
リエン シュイ ション ちゃン
full production

工場ではキャップの着用が義務となっています
在工厂里要戴安全帽
チャイ コォン ちゃン リー ヤオ タイ アン チュアン マオ
You are obliged to wear a cap at our manufacturing plant.

私どもはISO認証を取得しています
我们已取得了ISO认证
ウォ メン イー ちゅイ トー ラ ISO レン チョン
We obtain ISO certification.

品質検査に合格してはじめて出荷が可能となります
产品检测合格后才能出厂
ちゃン ピン チエン ツォー ホー ゴー ホウ ツァイ ノン チュー ちゃン
The products are released for shipment after they have passed QC test.

工場の稼働率を下げる
降低工厂运转率
チアン ディ コォン ちゃン ユン チョアン リュイ
run down a factory

工場の稼働率を上げる
提高工厂运转率
ティ ガオ コォン ちゃン ユン チョアン リュイ
run up a factory

ISO9000（品質管理保証規格）
ISO9000（国际质量管理标准）
ISO チウ チエン（グオ チー チー リアン コアン リー ビアオ チュン）
ISO9000

ISO14000（環境管理・監査規格）
ISO14000（国际环境管理标准）
ISO ヤオ スー リン リン リン（グオ チー ホアン チン コアン リー ビアオ チュン）
ISO14000

ひとくちコラム
世界の工場
委託加工生産からスタートした中国の工場は、ここ数年様変わりしてきました。よくで、日本製の工作機械しか入っていないと思い込んでいる日本人経営者がびっくりするのは、日本製に限らずドイツ製の機械がいっしょに並べられていることです。中国の経営者は世界で最も優れた機械を導入する志向が強く、国産を信奉する日本との差は生産現場でかなり縮まっています。資本力をつけてきた中国は物づくり日本の技術を吸収しながら、世界の工場の地位を保ち続けることでしょう。

建築現場
施工現場
ジー コォン シエン ちゃン
Building site

中国の建築

中国の建築でいま問題になっているのは、公共工事などで手抜きをする「おから工事」です。四川大地震では小学校、上海ではビルが倒壊しており、人命にかかわる問題にもなっています。手抜きの手口はかなり大胆で、上海の蘇州河に新しく作られた橋の一部が崩壊し、中からゴミ袋、廃材がでてきました。これは特殊なケースですが、中国の安全基準が日本ほど厳しくないため、建築にかかわる方は入念なチェックが必要です。

縄張り / 现场确认 / シエン ちゃン チュエ レン / abrasive blasting

砕石 / 碎石 / ソイ シー / crushed stone

掘削 / 挖掘 / ワー チュエ / earthwork

素掘 / 不做任何保护措施的挖掘 / ブー ツォ レン ホー パオ フー ツォ シー トー ワー チュエ / open air mining

橋梁 / 桥梁 / ちアオ リアン / bridge

鉄骨 / 钢铁骨架 / カン てィエ クー チア / iron frame

梁（はり） / 梁 / リアン / joist

柱 / 柱 / チュー / post

壁 / 墙 / ちアン / wall

盛り土 / 填土 / てィエン どゥ / banking

埋め戻し / 回填 / ホイ てィエン / staking out

幅木、巾木（はばき） / 踢脚线 / てィ ちアオ シエン / baseboard

階段 / 楼梯 / ロウ てィ / stairs

セメント / 水泥 / ショイ ニー / cement

モルタル / 砂浆 / シャー チアン / mortar

型枠 / 模板 / モー バン / formwork

土台 / 基础 / チー チュー / base

止水（しすい） / 止水 / チー ショイ / waterproof

竪樋（たてどい） / 雨水立管 / ユイ ショイ リー コアン / rainwater pipe

使える！ワードバンク 建設機械編

日本語	中国語	ピンイン
油圧ショベル	油压铲车	ユィ ヤー チャン チョー
クレーン車	吊车	ティアオ チョー
ブルドーザー	推土机	トゥイ トゥ チー
ロードローラー	压路机	ヤー ルー チー
タワークレーン	塔吊	ター ティアオ
ミキサー	混凝土搅拌机	フン ニン トゥ チアオ バン チー

ひとくちコラム
竹の足場
中国で建築現場に入ると、まず目に入るのは竹で作った足場が建物の周りを囲んでいることです。その上を歩くとミシミシと音がするので、組み方はかなりいい加減です。日本ではパイプで固定し架設していきますが、中国の場合、相当高い建物でも竹で足場を作りますので、建築現場に入る時は、ご用心を。

屋根 / 屋顶 / ウー ティン / roof

天井 / 天花板、顶棚 / ティエン ホア バン、ティン ポン / top sheathing

桟橋 / 跳板 / ティアオ バン / dock

左官工事 / 抹灰作业 / モー ホイ ツオ イエ / plastering

間仕切り / 隔断 / コー トアン / screen

施主 / 甲方 / チア ファン / owner

仮設 / 临时设施 / リン シー ショー シー / temporal construction

目地 / 接缝 / チエ フォン / masonry joint

笠木（かさぎ） / 门框上的横木 / メン コアン シャン ト ホン ムー / crest table

吹付工事 / 喷涂作业 / ペン トゥ ツオ イエ / spray coating

足場 / 脚手架 / チアオ ショウ チア / foothold

無筋コンクリート / 素混凝土 / スー フン ニン トゥ / plain concrete

鉄筋コンクリート / 钢筋混凝土 / ガン チン フン ニン トゥ / reinforced concrete

レンガ / 砖 / チョアン / baked-mud

杭 / 桩 / チョアン / picket

残土 / 余土 / ユィ トゥ / surplus earth

捨てコンクリート★ / 混凝土垫层 / フン ニン トゥ ティエン ツォン / leveling concrete

敷地 / 地基 / ディ チー / premises

地盤 / 地面 / ディ ミエン / ground

★基礎コンクリートを作る前に、地盤の上に、人工的にコンクリートで作る新しい水平面

銀行で
在银行
ツァイ イン バン
Banking service

中国の銀行

中国の銀行窓口は個人と法人の二通りに分かれています。全面ガラスで、行員に通帳・現金を手渡す場合は窓口カウンター中央に掘り込んだ通し口を使います。銀行窓口は日本より営業時間が長く、法人の窓口は9時から5時、個人の窓口は日曜日でも営業しており、8時半から5時半まで受付ができます。これは個人が勤務時間以外に利用できるように配慮したためですが、利用客が多く、長時間の待ちはなかなか解消されていません。

現金自動預入支払機
存取款机
ツゥン ちュイ こアン チー
ATM machine

普通預金
活期存款
ブォ ちー つゥン こアン
saving accounts

定期預金
定期存款
ティン ちー つゥン こアン
time deposit

ATMキャッシュカード
ATM卡
ＡＴＭ かー
ATM card

預金通帳
存折
つゥン チョー
bank passbook

番号札
排号条
ぱイ ハオ ティアオ
window ticket

小切手帳
支票本
チー ぴアオ ベン
chequebook

外貨預金
外汇存款
ワイ ホイ つゥン こアン
foreign currency saving

法人用の窓口は、どこですか？
公司业务在哪个窗口？
コォン スー イエ ヴー ツァイ ナー ゴー チョアン ごウ
Where is the counter for corporation.

個人用
个人业务
ゴー レン イエ ヴー
for personal

こちらにお並びください
请在这里排队
ちン ツァイ チョー リー ぱイ トイ
Please stand in the line here.

番号札をお取り下さい
请拿号
ちン ナー ハオ
Please take a number.

当座預金口座を開設したい
开一个存款户头
がイ イー ゴー つゥン こアン フー どウ
I'd like to open a checking account.

利息はいくらですか？
利息是多少？
リー シー シー トゥオ シャオ
What's the interest rate?

★数字の数え方はP86-87にあります

こちらの銀行では外国為替業務を行っていますか？
这家银行有外汇业务吗？
チョー チア イン バン ユー ワイ ホイ イエ ウー マ
Does this bank handle foreign exchange?

どこで外貨を交換できますか？
在哪里可以换外汇？
ツァイ ナー リー ごー イー ホアン ワイ ホイ
Where can I get my money exchanged?

小切手を現金化したいのですが
用支票取现
ヨン チー ぴアオ ちュイ シェン
I'd like to cash a check.

銀行に融資を申し込みたい
想从银行贷款
シアン ツォン イン バン タイ こアン
I'd like to apply for a bank loan.

人民元の融資を受けたい
想贷人民币
シアン タイ レン ミン ビー
I'd like to get finance for Renminbi.

日本の親会社が保証してくれます
日本总公司担保
リー ベン ツォン こォン スー タン バオ
We have the guarantee by the Japanese parent company.

短期借入
短期贷款
トアン ちー タイ こアン
short-term borrowings

長期借入
长期贷款
ちャン ちー タイ こアン
long-term borrowing

信用状を開設したい
想开信用证
シアン がイ シン ヨン チョン
I'd like to establish a letter of credit.

信用状を現金化したい
想用信用证贴现
シアン ヨン シン ヨン チョン ティエ シェン
I'd like to cash a letter of credit.

旅行小切手を現金に替えたい
想用旅行支票兑换现金
シアン ヨン リュイ シン チー ぴアオ ドイ ホアン シェン チン
I'd like to cash some traveler's checks.

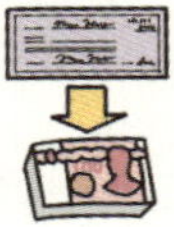

日本へ送金したい
想给日本汇款
シアン ゲイ リー ベン ホイ こアン
I want to transfer money to Japan.

銀行振込をしたい
想办银行汇款
シアン バン イン バン ホイ こアン
I want to pay through a bank transfer.

使える！ワードバンク　銀行編

会社の登記簿謄本	公司营业执照 コォン スー イン イエ チー チャオ
営業許可証	营业许可证 イン イエ シュイ こー チョン
船荷証券	装货提单 チョアン フォ ティ タン
電信送金	电汇 ティエン ホイ
印鑑	章 チャン
送金手数料	汇款手续费 ホイ こアン ショウ シュイ フェイ
旅行小切手	旅行支票 リュイ シン チー ぴアオ
航空貨物運送状	航空托运单 バン こォン とゥオ ユン タン
ネット・バンキング	网上银行 ワン シャン イン バン

ひとくちコラム
サインでもお金が引き出せる
日本では銀行用の印鑑が一般的ですが、中国では欧米と同じようにサインでも引き出しができます。しかし、実際にはサインだけでは照合に時間がかかり、時には拒否されるので、印鑑を使っている人、あるいはサインと印鑑を両用している人もいます。最近ではATMカードが普及してきましたので、これをテラーで認証する場合が多くなりました。身分証を携行されることをお勧めします。

★信用状とはLC（letter of credit）のことです。テラーとは銀行の窓口業務をさします

面接

面试
ミエン ジー
Job interview

中国での採用面接

日本企業が中国に進出する上で、労務の問題は避けて通れません。現地法人を設立する場合だけでなく、駐在員事務所の場合でも秘書、運転手を採用するために中国語で面接することがでてきます（特に運転手は日本語が不可）。そんなときの心得と話し方を紹介していきます。また、2008年に改定された労働契約法では一定期間経過後に短期で雇用することができない仕組みになっていますので、十分注意しましょう。

履歴書をお持ちになりましたか？
带简历了吗？
ダイ チエン リー ラ マ
Did you bring your personal history?

では、拝見させていただきます
我看看
ウオ かン かン
Now let me see.

どこで、働いていましたか？
在哪工作过？
ツァイ ナー コォン ヅオ グオ
Where was your last job?

どれくらい働いていましたか？
工作过多长时间？
コォン ヅオ グオ とウォ ちャン ジー チエン
How long have you worked?

大学では、何を勉強していましたか？
大学学的什么？
ター シュエ シュエ ト シェン モ
What did you study at the college?

日本語はどこで学んだのですか？
在哪学的日语？
ツァイ ナー シュエ ト リー ユィ
Where did you study Japanese?

なぜ、当社に興味をもっているのですか？
为什么对我们公司感兴趣？
ウェイ シェン モ トイ ウオ メン コォン スー ガン シン ちュイ
Why are you interested in our company?

給料はどれくらいをご希望ですか？
希望多少工资？
シー ワン トゥオ シャオ コォン ツー
How much do you want as beginning salary.

面接の結果は、来週こちらからご連絡します
面试结果下周通知
ミエン ジー チエ グオ シア チョウ とォン ヂー
I will be in contact with you next week to let you know our final decision.

採用することにしました
决定录用你
チュエ ティン ルー ヨン ニー
We are very pleased to offer you the job.

給料は月2000元です
工资每月2000元
コォン ツー メイ ユエ リアン チエン ユアン
The position pays two thousand yuan a month.

残念ながら採用することはできません
很遗憾，不能录用你
ヘン イー ハン ブー ノン ルー ヨン ニー
We are sorry we cannnot hire you.

履歴書はお返しいたします
简历还给你
チエン リー ホアン ゲイ ニー
I will send back your personal history.

パートタイムですから、時間給となります
是临时工，所以按小时记薪
シー リン シー コォン スオ イー アン シアオ シー チー シン
As you are a part-time worker, I will pay by the hour.

1時間50元です
1小时50元
イー シアオ シー ウー シー ユアン
You are paid 50 yuan per hour.

最低賃金	残業手当	試用期間中の採用
最低工资	加班费	试用期的录用
ツォイ ティ コォン ツー	チア バン フェイ	シー ヨン チー ト ルー ヨン
minimum wage	allowance for overtime work	probational period

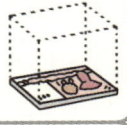

労働契約	労働契約の解除	人材派遣会社
劳动合同	解除劳动合同	人力资源公司
ラオ トォン ホー トォン	チエ チュー ラオ トォン ホー トォン	レン リー ユアン コォン スー
employment contract	termination of contract of employment	temporary staff service

使える！ワードバンク　労務編

失業保険	失业保险	シー イエ バオ シエン
健康保険	医疗保险	イー リアオ バオ シエン
社会保険	社会保险	ショー ホイ バオ シエン
住宅手当	住房补贴	チュー ファン ブー ティエ
通勤手当	交通补贴	チアオ トォン ブー ティエ
手取り	实收	シー ショウ
退職金	退休金	ドイ ジウ チン
勤続年数	工作年限	コォン ツオ ニエン シエン
有給休暇	带薪休假	ダイ シン ジウ チア
賞与	奖金	チアン チン
月給	月薪	ユエ シン

ひとくちコラム
FESCO（外国企業服務総公司）
対外開放の初期の頃（1980年代）、中国に拠点を構えた外国企業は中国人を直接採用することができず、必ずFESCOを通して派遣社員を利用しなければならない時代がありました。これは中国政府が人の流れをコントロールし、体制を維持するためにあったとされています。FESCOでは、派遣社員のための教育も行われており、政治学習もカリキュラムの1つに入っていました。現在、FESCOの役割はすでに終わっていますが、人材派遣業の独占が長かったため、今では事業の多角化によって中国でも有数の大企業に成長しています。

海外出張・移動 / オフィス / 接待・食事 / 取引企業訪問 / ビジネス最前線 / 伝えよう / 日本の紹介

中国企業

中国企业
チョン グオ ぢー イエ
Chinese firm

中国500強企業

中国500強企業のうち、上位10社を占めた業種は石油天然ガスが3社、電力1社、銀行4行、通信1社、保険1社でした。トップは5年連続首位についた石油化工集団公司（シノペック）、次いでペトロチャイナ、国家電網公司が続きました。中国は石化資源がロシアほど豊富ではありませんが、エネルギー関連の市場がいかに大きいかがうかがわれ、巨大な産業になっています。

中国の石油会社は時価総額の大きな企業です
中国的石油公司是市值很大的公司
チョン グオ ト゚ シー ユー コォン ズー シー シー チー ベン ダー ト゚ コォン ズー
Chinese petroleum companies is big company by market value.

石油化学
石油化工
シー ユー ホア コン
petrochemicals & chemicals

鉱業
矿业
こアン イエ
mining

自動車
汽车
ぢー チョー
automotive

機械
机械
チー ジエ
machinery

○○は売上高が中国でナンバーワンの会社です
○○销售额中国第一
○○ シアオ ショウ エー チョン グオ ディ イー
○○ is the number-one company by sales volume in China.

あの会社は中国で大規模な企業買収を展開しています
那个公司正在进行大规模的企业收购活动
ナー コ コォン ズー チョン ツァイ チン シン ター ゴイ モー ト゚ ぢー イエ ショウ コウ フォ トォン
That company is turning to a major acquisition in China.

あの中国企業は株式の上場を通じて資本を集めています
那个中国企业在通过上市筹集资金
ナー コ チョン グオ ぢー イエ ツァイ とォン グオ シャン シー ちョウ チー ヅー チン
That Chinese company is seeking to raise capital through public listings.

農業
农业
ノォン イエ
agribusiness

食品
食品
シー びン
food and Beverage

繊維・アパレル
纤维·服装
シエン ウエイ・ブー チョアン
textile and apparel

★中国の会社・組織はP22-23参照

医薬
医药
イー ヤオ
pharmaceuticals

運輸・物流
运输·物流
ユン シュー・ウー リウ
transportation & logistics

電子部品
电子零部件
ティエン ヅー リン ブー チェン
electronic components

商業
商业
シャン イエ
commerce

不動産
不动产
ブー トォン チャン
property development

金融
金融
チン ロン
financials

建設
建设
チエン ショー
construction

コングロマリット
联合大企业
リェン ホー ダー ちー イエ
conglomerate

多国籍企業
跨国公司
コア グオ コォン ズー
transnational corporation

新興企業
新兴企业
シン シン ちー イエ
emerging company

中小企業
中小企业
チョン シアオ ちー イエ
smaller businesses

製造業
制造业
ちー ツァオ イエ
manufacturing

サービス業
服务业
ブー ウー イエ
service sector

使える！ワードバンク 企業編

国有企業	国有企业 グオ ユー ちー イエ
持ち株会社	控股公司 コォン グー コォン ズー
親会社	总公司 ヅォン コォン ズー
子会社	子公司 ヅー コォン ズー
関連会社	关联公司 コアン リェン コォン ズー
企業グループ	企业集团 ちー イエ チー とアン
チェーン店	连锁店 リェン ズオ ティエン
フランチャイズ	加盟连锁 チア モン リェン ズオ
外資系企業	外资企业 ウイ ヅー ちー イエ
商社	商社 シャン ショー
企業買収	企业并购 ちー イエ ビン コウ

ひとくちコラム
チャイナ・アズ・ナンバーワン？
世界500強企業における中国企業の割合が拡大しており、2009年にランクインした中国企業は6.8%を占めています。また、中国500強企業の利益がさらに拡大し、経営指標において初めて米国500強企業を上回りました。中国500強企業の利益率、純資産利益率などはすべて世界企業、米国企業のそれを上回っています。米国の社会学者、エズラ・ヴォーゲルが「ジャパン・アズ・ナンバーワン」を書いたのは、1979年のこと。今はまさにチャイナ・アズ・ナンバーワンが現実のものになりつつあります。

海外出張・移動 | オフィス | 接待・食事 | 取引企業訪問 | ビジネス最前線 | 伝えよう | 日本の紹介

物流、貿易

物流、貿易
ウーリウ、マオイー
Logistics and Trading

水運の国、中国の物流事情

上海港の貨物取扱量は5億9000万トン（2009年）となり、5年連続世界1位となりました。貿易大国になる中国は、全国に1400カ所以上の港湾があり、その内、億トン級の港湾が14カ所を超えました。中国の港は海に面しているとは限らず、内航船が行き交う内陸港がたくさんあります。中国南部は水深がある大河が大陸の奥深く延びており、南船北馬といわれるように陸運より水運が便利になっています。

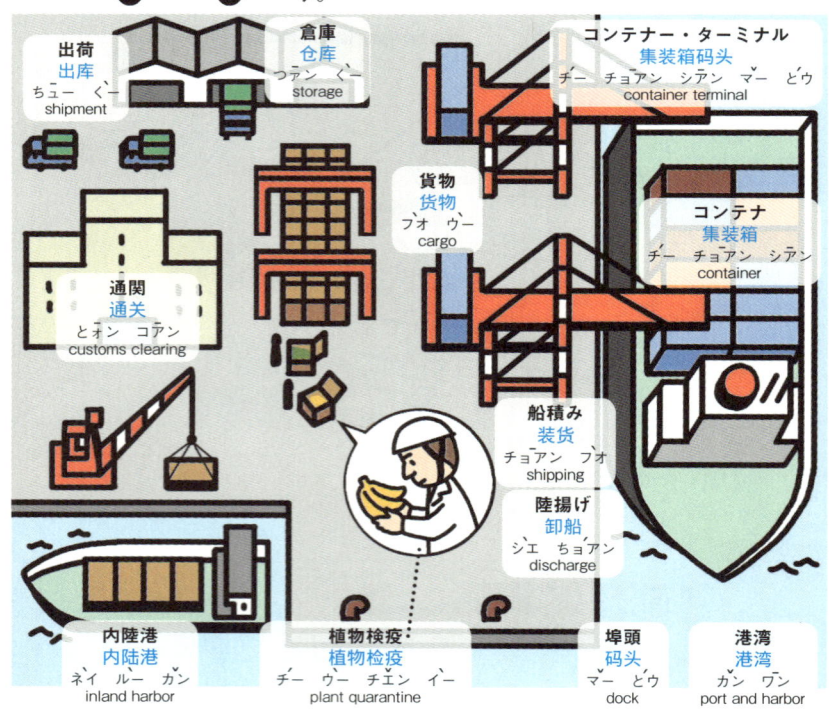

出荷 / 出库 / チュークー / shipment

倉庫 / 仓库 / ツァングー / storage

コンテナ・ターミナル / 集装箱码头 / チーチョアン シアン マードウ / container terminal

貨物 / 货物 / フォウー / cargo

コンテナ / 集装箱 / チーチョアン シアン / container

通関 / 通关 / トオン コアン / customs clearing

船積み / 装货 / チョアン フォ / shipping

陸揚げ / 卸船 / シエ チョアン / discharge

内陸港 / 内陆港 / ネイ ルー ガン / inland harbor

植物検疫 / 植物检疫 / チー ウー チエン イー / plant quarantine

埠頭 / 码头 / マードウ / dock

港湾 / 港湾 / ガンワン / port and harbor

混載輸送
混装运输
フン チョアン ユン シュー
consolidated transport

混載は貨物が少ない場合によく使われますが、中国向けは運搬リスクがともないます。

パレット輸送
栈板装运输
チャン バン チョアン ユン シュー
palletized shipment

貨物を保護するための木製の台。中国へ輸入する際には防虫加工の証明が必要となります。最近は樹脂製のパレットもあり、防虫加工証明が不要となりました。

保税倉庫
保税仓库
バオ ショイ ツァングー
bonded store

貨物が国外より搬入されても輸入とみなされず、関税、増値税が徴収されないメリットがあります。

★貿易の取引条件はP59参照

私どもは直接メーカーから購入しています
我们直接从厂家购买
ウォ メン チー チエ ツォン チャン チア ゴウ マイ
We purchase our goods directly from the manufacturers.

私どもは北京に物流センターを設置しました
我们在北京建了物流中心
ウォ メン ツァイ ベイ チン チエン ラ ウー リウ チョン シン
We established a distribution center in Beijing.

緊急の荷物は宅急便で送ります
紧急的货用快递送
チン チー フォ ヨン コアイ ディ ソォン
Urgent shipments are made by delivery service.

出荷の貨物は、運送会社のトラックが午後に集荷します
出库的货由运输公司的卡车下午装车
チュー クー ト フォ ユー ユン シュー コォン ズー ト かー チョ シア ウー チョアン チョー
Truck from freight forwarder collect the shipments in the afternoon.

商品の最低注文数を教えてください？
商品的最低订货量是多少？
シャン ピン ト ゾイ ディ ティン フォ リァン シー とォ シォ
Please let me know a minimum quantity for your goods.

私の注文は、いつ配送されますか？
什么时候给我的订单发货？
シェン モ シー ホウ ゲイ ウォ ティン ダン ファー フォ
When will it be delivered my order?

通常、発注後2週間で配送します
通常两个星期以后发货
とォン チャン リァン コ シン チー イー ホウ ファー フォ
Normally, deriver is made 2 weeks after receipt of order.

商品は無事に到着しました
商品已安全到达
シャン ピン イー アン チュアン タオ ダー
The goods arrived in good condition.

使える！ワードバンク　貿易編

20フィート・コンテナ	20英尺·集装箱	アル シー イン ぢー チー チョアン シアン
40フィート・コンテナ	40英尺·集装箱	ズー シー イン ぢー チー チョアン シアン
バンニング（コンテナに積込み）	装进集装箱	チォアン チン チー チョアン シアン
デバンニング（コンテナから積み出し）	搬出集装箱	バン ちュー チー チョアン シアン
TEU	标准箱	ピアオ チュン シアン
船荷証券	提货单	ティ フォ ダン
原産地証明書	原产地证明	ユアン ちャン ディ チョン ミン

ひとくちコラム

洋山深水港

上海の沖合30キロ先には2005年12月に開港した港があり、2020年には世界最大規模のコンテナターミナルが完成する予定です。もともと上海港は内陸の河川にあるため、水深が－8mしかなく、大型コンテナ船の進入が難しいところでした。このため、上海の沖合の洋上にある大洋山島と小洋山島を埋め立て、－15mの水深を確保した港を建設しています。2012年に第4期が完成すると、バース数は30、年間2500万TEUのコンテナ取扱いが可能となり、日本の5大港合計をはるかに上回る規模となります。

※TEUとは「Twenty-foot Equivalent Units」の頭文字をとったもので、20フィート標準コンテナ換算の単位です。

column ～「中国流」マスターへの道～

中国の政治と経済

中国の政治（国家組織）

[全国人民代表大会（全人代）] 中国の最高権力機関（日本の国会に相当）。省・自治区・直轄市ならび軍の選出する代表によって構成され、任期は1期5年、毎年1回（3月頃）全体会議が開催されます。主な職権は、憲法・法律の制定、国家主席・副主席・首相及び国務院の構成人員の選任、国家予算の審査承認などがあります。国会議員に相当する第11期全人代（2008年3月初旬）の代表は、約3000名。

[全国人民代表大会常務委員会（全人代常務委員会）] 全人代の常設機構。委員長、副委員長若干名、秘書長、委員若干名によって構成され、全人代代表と同じく任期は5年となります。全人代常務委員会委員長が全人代の最高ポストとなります。主な職権は、憲法の解釈と実施、全人代大会で制定する法律を除いたその他の法律の制定などです。全人代閉会期間中は全人代常務委員会が国務院を監督する役割を担います。

[国務院] 内閣に相当し、全人代・同常務委員会に対し活動を報告する義務があります。主な職権は、憲法・法律に基づいた行政上の措置の決定、地方各級国家行政機関の統一的指導、国家予算の立案・執行、条約・協定の締結などです。

[行政区画] 日本の都道府県のように全国が23省、5自治区及び4直轄市の行政区画（一級行政区）に分けられ、さらに小さな行政区画（二級・三級）に分けられます。それぞれの行政区画には、地方議会に相当する人民代表大会と地方公共団体に相当する人民政府が設けられています。

中国共産党組織

全国代表大会（党大会）は5年に1回だけ開催され、党中央委員会が執行機関となります。日常の党務は、中央政治局常務委員が執行します。党人事は、まず中央委員会委員を選出し、続いて同中央委員会第1回総会（1中全会）で、政治局委員、政治局常務委員を決めます。首相、国家主席の人事は、翌年の全国人民代表大会で決定しますが、事実上は党大会で内定されます。

中国の経済

中国経済は20年以上の長期にわたって年平均9％以上の実質GDP成長率を維持しています。近年の中国は世界経済の中でプレゼンスを急速に高めており、名目GDPでは2010年にも日本を上回り、世界第2位の経済大国になろうとしています。その成長の原動力として、まず第一に投資が旺盛なことです。名目GDPに占める投資（固定資本形成）の割合は2006年に50％を超え、インフラ整備を中心とする公共投資、不動産投資が牽引役となっています。また、中国からの輸出は高い伸びを維持しており、貿易収支は約3000億ドルの輸出超過となりました。人民元レートの上昇圧力から中国政府は為替レートを維持するため、ドル買元売りを行い、世界一の外資保有高（約2兆ドル）となりました。しかし、中国の一人当たりのGDPは約3300ドル程度であり、国内の経済格差は大きく開いています。中国経済を規模でみると、大きく見誤ることになりますので、時には一人当たりのレベルも見ていく必要があります。

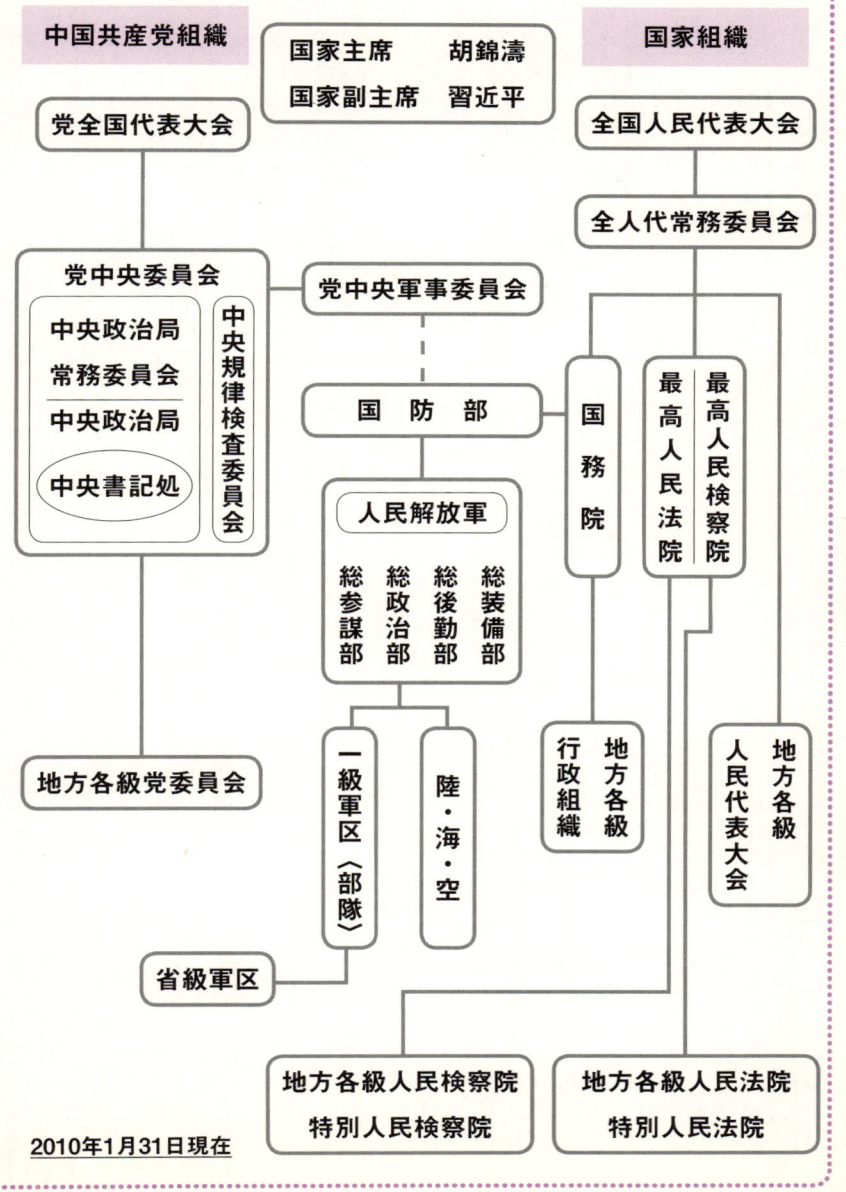

中国共産党組織		国家組織

国家主席　　胡錦濤
国家副主席　習近平

```
党全国代表大会                                          全国人民代表大会
      │                                                      │
      │                                                全人代常務委員会
      │                                                      │
党中央委員会 ───── 党中央軍事委員会                           │
 ┌─────────────┬──────────┐          │                       │
 │ 中央政治局  │          │          │                       │
 │ 常務委員会  │ 中央規律 │          │                       │
 │ 中央政治局  │ 検査委員会│       国 防 部                  │
 │ (中央書記処)│          │          │          国   最   最
 └─────────────┴──────────┘          │          務   高   高
                                  人民解放軍      院   人   人
                                  総参謀部           民   民
                                  総政治部           法   検
                                  総後勤部           院   察
                                  総装備部                院
                            ┌─────────┬─────────┐
                            │一級軍区 │ 陸・海・│
                            │〈部隊〉 │   空    │
                            └─────────┴─────────┘
      │                           │
地方各級党委員会                省級軍区         行政組織  地方各級  地方各級
                                                  地方各級  人民代表  人民法院
                                                            大会

                       地方各級人民検察院         地方各級人民法院
                       特別人民検察院             特別人民法院

2010年1月31日現在
```

伝えよう

会話がだめでも、筆談で何とか通じるのが日本人の強み。それでもだめならゼスチャーがある！合図（サイン）がある！

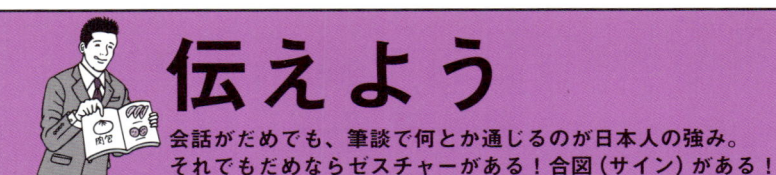

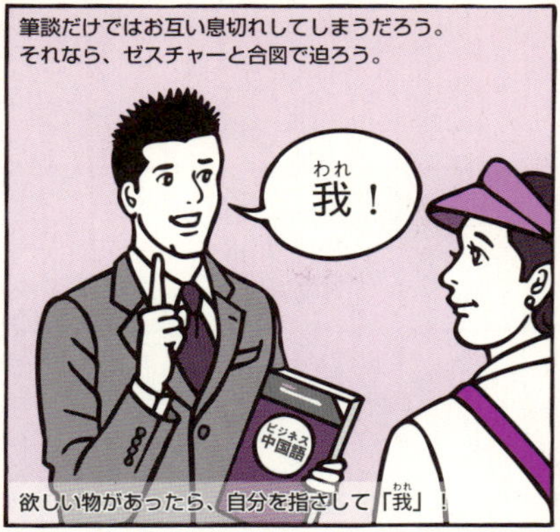

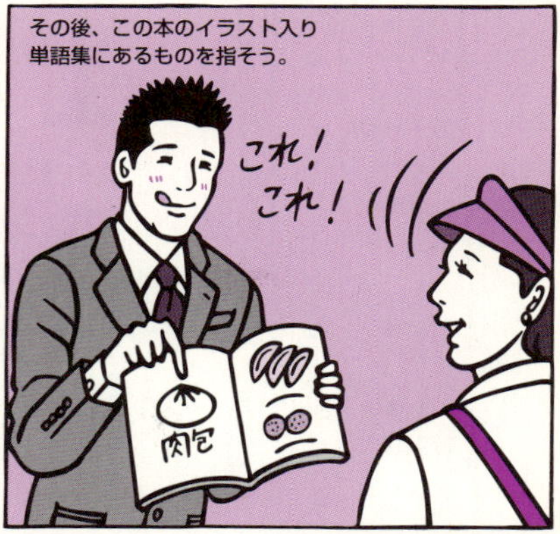

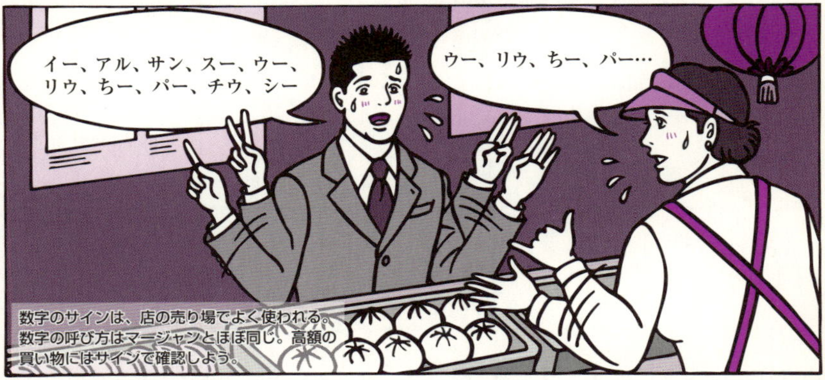

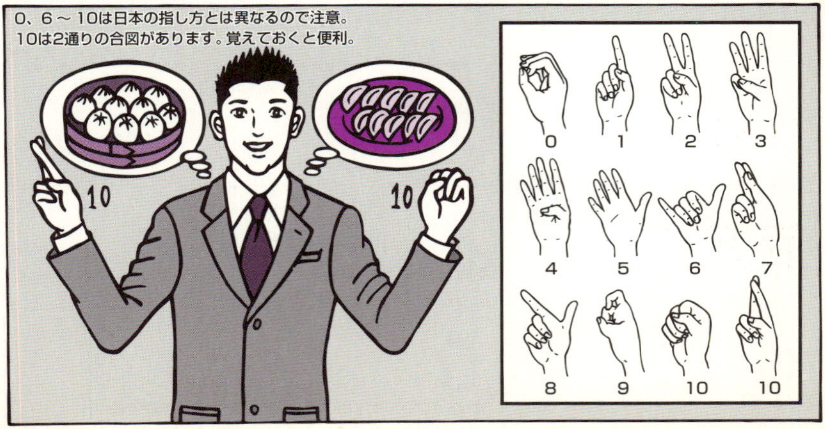

★数の数え方はP86を参照

数字、序数

数字、序数
シュー ツー、シュイ シュー
Numbers, Ordinal Numbers

0	零 リン zero	
百	百 バイ hundred	
千	千 チエン thousand	
万	万 ワン ten tiousand	
十万	十万 シー ワン hundred thousand	
百万	百万 バイ ワン million	
億	亿 イー hundred million	

1	一 イー one	
2	二 アル two	
3	三 サン three	
4	四 スー four	
5	五 ウー five	
6	六 リウ six	
7	七 チー seven	
8	八 バー eight	
9	九 チウ nine	
10	十 シー ten	

★中国では8が古来より縁起のよい数字としてされています。北京オリンピックの開会式が2008年の8月8日、夜8時だったのもそのためです

32 三十二 サンシーアル thirty two	**108** 一百八 イーバイバー one hundred and eight	**3500** 三千五百 サンチエンウーバイ three thouzands five hundred
4分の1 四分之一 スーフェンチーイー one quarter	**2分の1** 两分之一 リャンフェンチーイー half	**半分** 一半/半个 イーバン/バンゴ half
○**g** ○克 ○ゴー ○ grams	○**kg** ○公斤 ○ゴンチン ○ kilograms	○**ℓ** ○升 ○ション ○ litrers
○**m** ○米 ○ミー ○ metres	○**km** ○公里 ○ゴンリー ○ kilometres	○**m²** ○平方米 ○ピンファンミー ○ square metres
○**人** ○个人 ○ゴレン ○ people	○**階** ○楼 ○ロウ ○ floors	○**番目** ○第一个 ○イーゴ ○ th
○**杯** ○杯 ○ベイ ○ glasses	**半斤(250g)** 半斤 バンチン quarter kilograms	**1斤(500g)** 1斤 イーチン half kilograms
何冊? 几本? チーベン How many copies?	**何パーセント?** 百分之几? バイフェンチーチー How many percents?	
何枚?(紙など) 几张? チーチャン How many sheets?	**いくら?(値段、料金)** 多少钱? トゥオシャオちエン How much?	
何回? 几次? チーツー Hou many times?	**いくつ?(個数)** 多少个?/几个? トゥオシャオゴ/チーゴ How many pieces?	

ひとくちコラム

デジタル
数字は「デジタル」という意味でもあります。例えばデジタル家電は「数字家电 シューツー チア ティエン」といいます。

中国の通貨単位

元 元 ユアン　**角** 角 チアオ　**分** 分 フェン

★度量衡についてはP127を参照

時間、一日
时间、一天
シー チエン、イー ティエン
Time, One day

今、何時ですか？
现在几点钟？
シエン ツァイ チー ティエン チョン
What time is it now?

北京には何時に着きますか？
几点到北京？
チー ティエン タオ ベイ チン
What time will we arrive in Beijing?

朝	午前	正午
早上	上午	中午
ツァオ シャン	シャン ウー	チョン ウー
morning	A.M	noon

零点	两点	四点	六点	八点	十点	十二点
リン ティエン	リャン ティエン	スー ティエン	リウ ティエン	バー ティエン	シー ティエン	シー アル ティエン
midnight	two o'clock	four o'clock	six o'clock	eight o'clock	ten o'clock	twelve o'clock

| 0時 | 1時 | 2時 | 3時 | 4時 | 5時 | 6時 | 7時 | 8時 | 9時 | 10時 | 11時 | 12時 |

一点	三点	五点	七点	九点	十一点
イー ティエン	サン ティエン	ウー ティエン	チー ティエン	チウ ティエン	シー イー ティエン
one o'clock	three o'clock	five o'clock	seven o'clock	nine o'clock	eleven o'clock

起床	朝食	出勤	昼食
起床	早饭	上班	午餐
チー チュアン	ツァオ ファン	シャン バン	ウー ツァン
wake up	breakfast	go to work	lunch

早朝	日中	深夜
早晨	白天	深夜
ツァオ ちェン	バイ ティエン	シェン イエ
early morning	daytime	midnight

ひとくちコラム
中国の標準時間
北京を中国の標準時としており、全国で同じ時間が使われています。日本とは1時間の時差があります。

開始は何時ですか？
几点钟开始？
チー ティエン チョン かイ シー
What time does it open?

午後5時からです
下午5点开始
シア ウー ウー ティエン かイ シー
From five p.m.

★東西に大きく広がる中国では、ヨーロッパに近い新疆ウイグル自治区と北京との間に時差が生じます。そのためウルムチを中心に、北京時間より2時間遅らせたウルムチ時間を設定しています

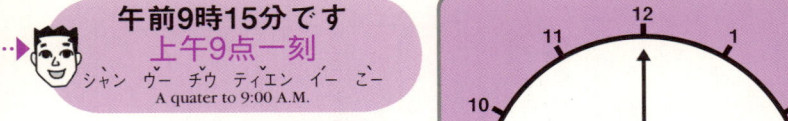

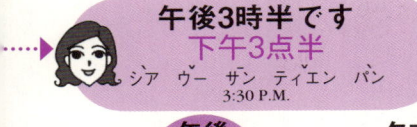

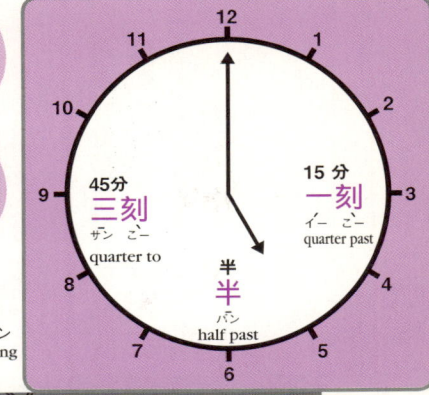

午前9時15分です
上午9点一刻
シャン ウー チウ ティエン イー ゴー
A quater to 9:00 A.M.

午後3時半です
下午3点半
シア ウー サン ティエン バン
3:30 P.M.

午後
下午
シア ウー
P.M

夕方
傍晚
バン ワン
early-evening

時計の表示

| 45分 三刻 (サン ゴー) quarter to | 15分 一刻 (イー ゴー) quarter past |
| 半 (バン) half past | |

夜
晚上
ワン シャン
night

13時	下午一点	シア ウー イー ティエン	one o'clock
14時	下午两点	シア ウー リャン ティエン	two o'clock
15時	下午三点	シア ウー サン ティエン	three o'clock
16時	下午四点	シア ウー スー ティエン	four o'clock
17時	下午五点	シア ウー ウー ティエン	five o'clock
18時	下午六点	シア ウー リウ ティエン	six o'clock
19時	下午七点	シア ウー チー ティエン	seven o'clock
20時	下午八点	シア ウー バー ティエン	eight o'clock
21時	下午九点	シア ウー チウ ティエン	nine o'clock
22時	下午十点	シア ウー シー ティエン	ten o'clock
23時	下午十一点	シア ウー シー イー ティエン	eleven o'clock
24時	下午十二点	シア ウー シー アル ティエン	midnight

仕事をする
做工作
ツオ ゴン ツオ
do tasks

閉店（終業時間）
关门（营业结束）
コアン メン (イン イエ チエ シュー)
close

帰宅する
下班
シア バン
get home

夕飯
晚饭
ワン ファン
dinner

就寝
睡觉
ショイ チアオ
get to bed

何時間かかりますか？
需要几个钟头？
シュイ ヤオ チー ゴ チョン ドウ
How many hours does it take?

4時間くらいです
4个小时左右
スー ゴ シャオ シー ツオ ユー
About four hours.

時間がありません
没有时间
メイ ユー シー チエン
We don't have time.

5時に起こしてください
在5点叫醒我
ツァイ ウー ティエン チアオ シン ヴォ
Please wake me up at 5 o'clock.

年月日、曜日

年月日、星期
ニエン ユエ リー、
シン ちー

Dates, Day of the week

中国へはいつ来ましたか？
什么时候到中国？
シェン モ シー ホウ タオ チョン グオ？
When did you come to China?

○月△日です
○月△号
○ユエ△ハオ
I came on ○, the △th.

○曜日です
星期○
シン ちー○
On ○.

いつ日本へ帰りますか？
什么时候回到日本？
シェン モ シー ホウ フイ タオ リーベン？
When will you go back to Japan?

日曜日
星期日／星期天
シン ちー リー／シン ちー てィエン
Sunday

月曜日	火曜日	水曜日
星期一	星期二	星期三
シン ちー イー	シン ちー アル	シン ちー サン
Monday	Tuesday	Wednesday

木曜日	金曜日	土曜日
星期四	星期五	星期六
シン ちー スー	シン ちー ウー	シン ちー リウ
Thursday	Friday	Saturday

1月	2月	3月
一月	二月	三月
イー ユエ	アル ユエ	サン ユエ
January	February	March

4月	5月	6月
四月	五月	六月
スー ユエ	ウー ユエ	リウ ユエ
April	May	June

7月	8月	9月
七月	八月	九月
ちー ユエ	バー ユエ	ヂウ ユエ
July	August	September

10月	11月	12月
十月	十一月	十二月
シー ユエ	シー イー ユエ	シー アル ユエ
October	November	December

1 2 3 4 5 6 7 8 9 10 11 12 13 14 15

★2月は祝日の春節（旧正月）があり福の字を逆さまにした「到福」を飾ります。これは福に到る意の「タオ　フー」と福が逆さまになる「タオ　フー」の音が同じだからです

きょう 今天 チン ティエン today	今週 这个 星期 チョー コ シン チー this week	今月 这个 月 チョー コ ユエ this month	今年 今年 チン ニエン this year
昨日 昨天 ヅオ ティエン yesterday	先週 上星期 シャン シン チー last week	先月 上月 シャン ユエ last month	昨年 去年 チュイ ニエン last year
あした 明天 ミン ティエン tomorrow	来週 下星期 シア シン チー next week	来月 下月 シア ユエ next month	来年 明年 ミン ニエン next year

あしたは休みですか?
明天休息日吗?
ミン ティエン シウ シ リー マ?
Is it a holiday tomorrow?

定休日は月曜日です
星期一休息
シン チー イー シウ シ
The regular holiday is Monday.

○日後 ○天以后 ○ティエン イー ホウ after ○ days	○週間後 ○个星期以后 ○コ シン チー イー ホウ after ○ weeks	○カ月後 ○个月以后 ○コ ユエ イー ホウ after ○ months	○年後 ○年以后 ○ニエン イー ホウ after ○ years

どれくらい

何日間? 几天? チー ティエン? How many days?	何週間? 几个星期? チー コ シン チー? How many weeks?	何カ月? 几个月? チー コ ユエ? How many months?	何年間? 几年? チー ニエン? Hoe many years?
○日間 ○天 ○ティエン ○ days.	○週間 ○个星期 ○コ シン チー ○ weeks.	○カ月 ○个月 ○コ ユエ ○ months.	○年間 ○年 ○ニエン ○ years.

いつ

何日? 几号? チー ハオ? What date is it?	何月? 几月? チー ユエ? In what month?	何曜日? 星期几? シン チー チー? What day is it?
○日 ○号 ○ハオ The ○-th	○月 ○月 ○ユエ ○	○曜日 星期○ シン チー ○ ○-day

ひとくちコラム

曜日の由来

「星期」の他に、「礼拝 リー パイ」という言い方があります。中国ではもともと曜日がなく、キリスト教が伝わると、7日毎に休息をとる風習が19世紀末に広まりました。日曜日を「礼拝天 リー パイ ティエン」というのはこのためです。「星期」はキリスト教の影響を抑えるために採用されたのですが、会話では「礼拝」も使われます。

16 17 18 19 20 21 22 23 24 25 26 27 28 29 30 31

職業

职业
チーイエ
Occupations

あなたは何の仕事をしていますか？
你做什么工作吗？
ニー ヅオ シェン モ ゴン ヅオ マ
What do you do?

私は〇〇関連の会社に勤務しています
我从事〇〇方面的工作
ヴオ ツオン シー 〇〇ファン ミエン ト ゴン ヅオ
I woke in the 〇〇-related company.

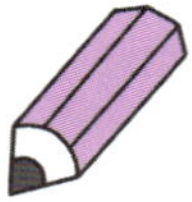

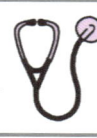

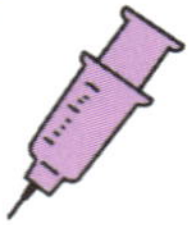

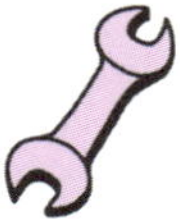

農業 农业 ノン イエ agriculturi	漁業 渔业 ユィ イエ fishery	食品 食品 シー ぴン food	金融 金融 チン ロン finance
教育 教育 チアオ ユィ education	マスコミ 新闻媒体 シン ウェン メイ ティ media	流通 流通 リウ とオン distributiaon	運輸 运输 ユン シュー freight
アパレル 服装 フー チョアン fashion	貿易 贸易 マオ イー trade	役所 官署 クアン シュー administration	エンジニア 工程师 ゴン チョン シー engineer
医師 医生 イー ション doctor	看護師 护士 フー シ nurse	プログラマー 电脑程式设计师 ティエン ナオ チョン シー ショー チー シー programmer	美容師 美发师 メイ ファー シー aesthetician

仕事は忙しいですか
你工作忙吗？
ニー ゴン ヅオ マン マ
Is the work busy?

大変忙しいです
很忙
ヘン マン
Berry busy.

情報通信 信息通信 シン シー とオン シン information technology	コンピューター 电脑 ティエン ナオ computer	広告 广告 クアン カオ advertising	ファッション 时装 シー チュアン fashion
音楽 音乐 イン ユエ musician	芸術 艺术 イー シュー artist	不動産 不动产 ブー トン チャン real estate	建設 建设 チエン ショー construction

★肩書、役職はP24参照

仕事の調子はどうですか？
工作怎么样？
ゴン ヅォ ツェン モ ヤン
How's work?

仕事を探しています
我正在找工作
ウォ チョン ツァイ チャオ ゴン ヅォ
I have been doing job hunting.

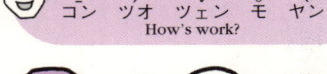

スポーツ選手	运动员	ユン トン ユアン	sportsman
工員	工人	ゴン レン	worker
店員	售货员	ショウ フォ ユアン	clerk
ウエイトレス	女服务员	ニュイ フー ウー ユアン	waitress
弁護士	律师	リュイ シー	lawyer
パイロット	飞行员	フェイ シン ユアン	pilot
キャビンアテンダント	空中小姐	コォン チョン シァオ チエ	cabin attendant
船員	船员	チュアン ユアン	sailor
運転手	司机	スー チー	driver
調理師	厨师	チュー シー	chef
会社員	公司员	ゴン スー ユアン	company employee
公務員	公务员	ゴン ウー ユアン	civil servant
教師	教师	チァオ シー イン	professor
銀行員	银行职员	バン チー ユアン ジン	bank clerk
新聞記者	新闻记者	ウエン チー チョー	journalist
軍人	军人	チュン レン	soldier
政治家	政治家	チョン チー チア	politician
共産党員	共产党员	ゴン チャン タン ユアン	communist
市長	市长	シー チャン	mayor
村長	村长	ツン チャン	the chief of the village
主婦	家庭妇女	チア ティン フー ニュイ	housewife
大学生	大学生	ター シュエ ション	university student
フリーター	自由工作者	ツー ヨウ ゴン ヅォ チョー	part time worker
無職	无业	ウー イエ	unemployed
求職中	找工作	チャオ ゴン ヅォ	job hunting

趣味、スポーツ
爱好、运动
アイ ハオ、ユン トン
Hobby & Sports

あなたの趣味は何ですか？
你有什么爱好？
ニー ユー シェン モ アイ ハオ
What's your hobby?

私は旅行が好きです。あなたは？
我喜欢旅游。你呢？
ウォ シー ホアン リュイ ユー ニー ネ
I like travel. What about you?

私はドライブが好きです
我喜欢开车
ウォ シー ホアン カイ チョー
I like driving.

では、一緒に旅行に行きましょう
那么，我们一块去旅游吗？
ナー モ、ウォ メン イー コアイ チュイ リュイ ユー マ
So, hou about go to travel together?

読書 / 读书 / トゥ シュー / reading	映画鑑賞 / 看电影 / かン ティエン イン / watching movies	スポーツ / 运动 / ユン トン / sports	スポーツ観戦 / 看运动比赛 / かン ユン トン ビー サイ / watching sports
ショッピング / 买东西 / マイ トン シ / shopping	ゴルフ / 高尔夫 / カオ アル ブー / golf	コンピューター・ゲーム / 电玩 / ティエン ワン / computer games	釣り / 钓鱼 / ティアオ ユィ / fishing
ハイキング / 郊游 / チアオ ユー / hiking	料理 / 做菜 / ヅオ ツァイ / cooking	おしゃべり / 聊天 / リアオ ティエン / chatting	食べ歩き / 美食之旅 / メイ シー チー リュイ / make an eating tour

何に興味がありますか？
你有什么兴趣？
ニー ユー シェン モ シン チュイ
What are you interested in?

休日は何をしていますか？
假日的时候，你做什么？
チア リー ト シー ホウ ニー ヅオ シェン モ
What do you do in vacation?

カラオケ / 卡拉OK / カー ラー OK / karaoke	音楽鑑賞 / 听音乐 / ティン イン ユエ / listening to music	旅行 / 旅游 / リュイ ユー / travel	テレビ鑑賞 / 看电视 / かン ティエン シー / watching television
画を描く / 画画儿 / ホア ホア ル / painting	写真撮影 / 拍照相 / パイ チャオ シアン / take a picture	子育て / 养孩子 / ヤン ハイ ツ / child-raising	仕事 / 工作 / コン ヅオ / business

★アマチュアは「业余 イエ ユイ」といい、続けて単語を並べて表現できます

あなたはどんなスポーツをしますか？
你做什么运动？
What sport do you play?

私はゴルフが好きです
我喜欢打高尔夫
I like golf

野球	サッカー	バスケットボール	ラグビー	バレーボール
棒球	足球	篮球	橄榄球	排球
baseball	soccer	basketball	rugby	volleyball

ボーリング	レスリング	柔道	ボクシング	テコンドー
保龄球	摔跤	柔道	拳击	跆拳道
bowling	wrestling	judo	boxing	taekwondo

水泳	シンクロナイズドスイミング	体操	マラソン	リレー
游泳	花样游泳	体操	马拉松	接力赛
swimming	synchronizeswimming	gymnastic	marathon	relay

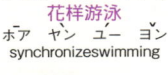

ソフトボール	テニス	フェンシング	アーチェリー	フィギュアスケート
垒球	网球	击剑	射箭	花样滑冰
softball	tennis	fencing	archery	figureskate

スキー	カーリング	アイスホッケー	登山	射撃
滑雪	冰壶	冰球	登山	射击
ski	curling	icehockey	mountain climbing	shooting

家族、友人、性格

家属、朋友、性格
チア シュー ポン ユー シン コー
Family, Friend, Personality

兄弟や姉妹はいますか？
你有兄弟姐妹吗？
ニー ユー ション ティー チエ メイ マ
Do you have any brothers or sisters?

はい、兄が1人います
有，我有一个哥哥
ユー ウオ ユー イー コ コー
Yes. I have an older brother

いません
没有
メイ ユー
No.

祖父（父方） 爷爷 イエ イエ grandfather	祖母（父方） 奶奶 ナイ ナイ grandmother	**家族** **家属** チア シュー family	祖父（母方） 外公 ワイ コン grandfather	祖母（母方） 外婆 ワイ ポー grandmother

父 父亲 フー チン father ― 母 母亲 ムー チン mother

兄 哥哥 コー コ older brother	姉 姐姐 チエ チエ older sister	私 我 ウォ me	妹 妹妹 メイ メイ younger sister	弟 弟弟 ティー ティ younger brother
おじ（父の兄） 伯父 ポー フー uncle(father's older brother)	おじ（父の弟） 叔父 シュー フー aunt(father's younger brother)		おじ（母方） 舅舅 チウ チウ uncle(mother's brother)	おば（母方） 姨妈 イー マー aunt(mother's sister)

夫 丈夫 チャン フ husband	妻 妻子 チー ツ wife	息子 儿子 アル ツ son	娘 女儿 ニュイ アル daughter
嫁 媳妇 シー フー daughter-in-law	婿 女婿 ニュイ シュイ son-in-law	孫（男） 孙子 ズン ツ grandson	孫（女） 孙女 ズン ニュイ granddaughter
子供 孩子 ハイ ツ child	兄弟 兄弟 ション ティー brother	姉妹 姐妹 チエ メイ sister	親戚 亲戚 チン チー relatives

★中国語では、大人になっても父親を「爸爸 バー パ」、母親を「妈妈 マー マ」と呼びます

恋人はいますか？
你有对象吗
ニー ユー トゥイ シアン マ
Do you have a girl fliend?

はい、います
有
ユー
Yes I have.

いません
没有
メイ ユー
No

恋人（男性） 男朋友 ナン ポン ユ boyfriend	恋人（女性） 女朋友 ニュイ ポン ユ girl friend	友達 朋友 ポン ユ friend	婚約者 未婚夫（妻） ウエイ フン フー (チー) fiancée
夫婦 夫妇 フー フー married couple	同級生 同学 とォン シュエ classmate		
同僚 同事 とォン シー colleague	幼なじみ 青梅竹马 チン メイ チュー マー childfood friend		
先輩 前辈 ちエン ペイ senior	後輩 后辈 ホウ ペイ junior		

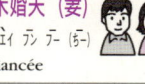

使える！ワードバンク 〈性格編〉

親切	热情	レー ちン
上品	优雅	ユー ヤー
下品	粗俗	ツー ズー
賢い	聪明	ツォン ミン
博学	有知识	ユー チー シ
情報通	消息灵通	シアオ シ リン とォン
正直	老实	ラオ シ
うそつき	撒谎的人	サー ホアン ト レン
気前がいい	大方	ダー ファン
慎重	谨慎	チン シェン
うっかり	马虎	マー フ

- あわてる / 慌张 / ホアン チャン / panic
- 冷たい / 冷淡 / ロン タン / cold
- おしゃべり / 爱说话 / アイ シュオ ホア / talkative
- 明るい / 开朗 / かイ ラン / bright
- 面白い / 有意思 / ユー イー ス / interesting
- かわいい / 可爱 / コー アイ / cute
- のんびりした / 悠闲 / ユー シエン / relaxed
- 厳しい / 严格 / イェン ゴー / rugged
- 優しい / 温柔 / ウエン ロウ / gentle

★陰気なは「忧郁 ユー ユィ」、気が短いは「性急 シン チー」、気が弱いは「懦弱 ヌオ ルオ」です。

自然、天候、生物

自然、气候、生物
ヅーランˇ、ちーホウˋ、ション ウーˋ
Nature, Weather, Living things

きょうの天気はどうですか？
今天天气怎么样？
チン ティエン てィエン ちー ツェンˇモ ヤンˋ?
How is the wether?

あの山は何という名前ですか？
那座山叫什么名字？
ナーˋ ツオˋ シャン チアオˋ シェンˊ モ ミンˊ ツ?
What is that mountain?

パンダ 熊猫 シオンˊ マオ panda	トラ 虎子 ブーˇ ツ tiger	ラクダ 骆驼 ルオˋ とウォ camel
犬 狗 ゴウˇ dog	猫 猫 マオ cat	馬 马 マーˇ horse
クマ 熊 シオンˊ bear	ブタ 猪 チュー pig	牛 牛 ニウˊ cow
ウサギ 兔子 とゥˋ ツ rabbit	イノシシ 野猪 イェˇ チュー boar	猿 猴子 ホウˊ ツ monkey
ヒツジ 羊 ヤンˊ sheep	カバ 河马 ホーˊ マーˇ hippopotamus	シカ 鹿 ルーˋ deer

鳥 鸟儿 ニアオˇ ル birds	白鳥 天鹅 てィエン エーˊ swan	ハト 鸽子 ゴー ツ pigeon	金魚 金鱼 チン ユィˊ goldfish
ヘビ 蛇 ショーˊ snake	カエル 青蛙 ちン ウー frog	ハチ 蜂 フォン bee	蝶 蝴蝶 ブーˊ ティエ butterfly

自然・天気

- 月 / 月亮 ユエ リャン / moon
- 雲 / 云彩 ユン ツァイ / cloud
- 太陽 / 太阳 ダイ ヤン / sun
- 星 / 星星 シン シン / star
- 雨 / 雨 ユイ / rain
- 虹 / 虹 ホン / rainbow
- 山 / 山 シャン / mountain
- 海 / 海 ハイ / sea
- 村 / 村 ツゥン / village
- 木 / 树木 シュー ムー / tree
- 雪 / 雪 シュエ / snow
- 花 / 花儿 ホアール / flour
- 川 / 河 ホー / river

松 / 松树 ゾン シュー / nut pine	竹 / 竹子 チュー ツ / bamboo	梅 / 梅花 メイ ホア / plum blossom	ヒマワリ / 向日葵 シアン リー グイ / sunflower
キンモクセイ / 桂花 ゴイ ホア / osmanthus	柳 / 柳树 リウ シュー / willow	桜 / 樱花 イン ホア / cherry blossom	菊 / 菊花 チュイ ホア / chrysanthemum

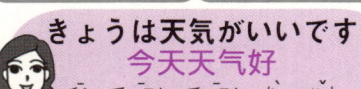

きょうは天気がいいです
今天天气好
チン ティエン ティエン チー ハオ
The weather is nice today.

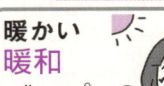

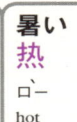

- 雨 / 下雨 シア ユイ / rain
- 曇り / 阴天 イン ティエン / cloudy
- 暖かい / 暖和 ヌアン フォ / warm
- 暑い / 热 ロー / hot
- さわやか / 爽快 ショアン゙ コアイ / fresh
- 寒い / 冷 ロン / cold

ひとくちコラム
中国の大自然
中国は山、河、湿原、砂漠ありと、多様な自然を持っています。耕地面積は13％弱しかなく、山地と高原が国土の59％を占めています。世界最高峰のヒマラヤ（標高8,844m）をはじめ、6,300キロの長さになる長江などの大自然に囲まれていますが、その自然による災害は想像を超えます。全国で毎年26000回ほどの地滑り、土石流などが起こり、これによって1100人を超える死傷者も毎年発生しています。

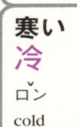

家庭訪問

访问家庭
ファン ウェン チア ティン
Visiting home

明日、私の家で一緒に食事しましょう
明天，来我家一起吃晚饭吧！
ミン ティエン ライ ウォ チア イー チー ファン パ
Would you like to have dinner at my house tomorrow?

ありがとうございます。ぜひ、伺います
谢谢。我一定去
シエ シエ ウォ イー ティン チュイ
Yes, I'd like to, thank you.

残念ですが、予定があります
真可惜，我有预定
チェン ゴー シー ウォ ユー ユィ ティン
I'm sorry, but I already habe plans.

ご招待、ありがとうございます
谢谢你们的招待
シエ シエ ニー メン ダ チャオ ダイ
Thank you for inviting me.

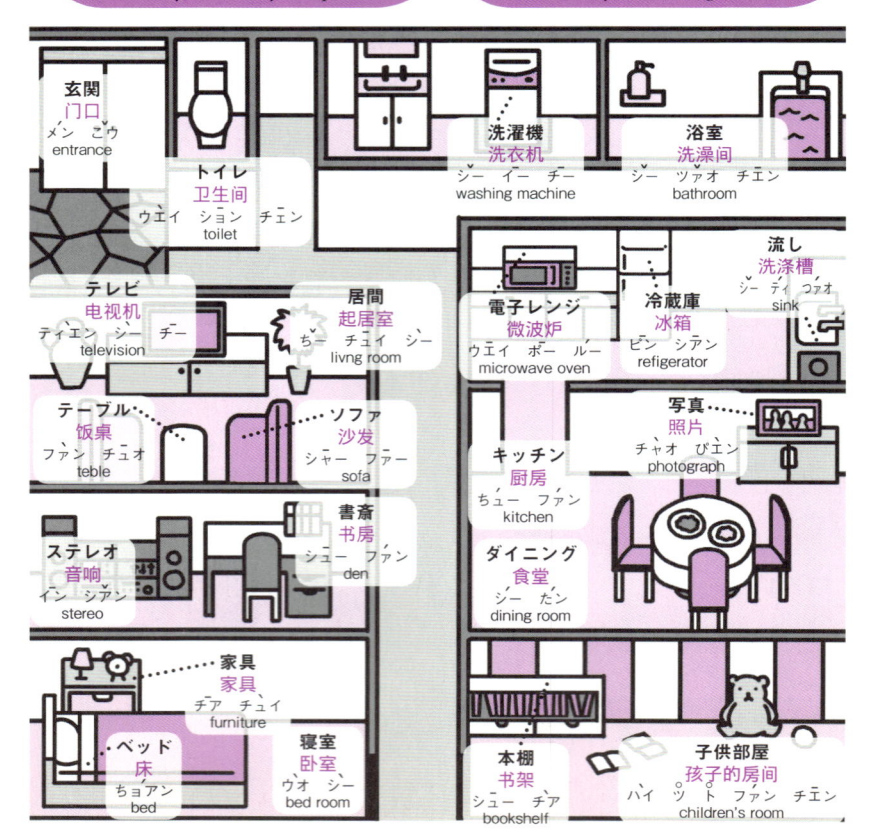

日本語	中文	発音	English
玄関	门口	メン ゴゥ	entrance
トイレ	卫生间	ウェイ ション チェン	toilet
洗濯機	洗衣机	シー イー チー	washing machine
浴室	洗澡间	シー ツァオ チェン	bathroom
テレビ	电视机	ティエン シー チー	television
居間	起居室	チー チュイ シー	livng room
電子レンジ	微波炉	ウェイ ボー ルー	microwave oven
冷蔵庫	冰箱	ビン シアン	refrigerator
流し	洗涤槽	シー ディ ツァオ	sink
テーブル	饭桌	ファン チュオ	teble
ソファ	沙发	シャー ファー	sofa
写真	照片	チャオ ピエン	photograph
キッチン	厨房	チュー ファン	kitchen
書斎	书房	シュー ファン	den
ステレオ	音响	イン シアン	stereo
ダイニング	食堂	シー タン	dining room
家具	家具	チア チュイ	furniture
ベッド	床	チョアン	bed
寝室	卧室	ウォ シー	bed room
本棚	书架	シュー チア	bookshelf
子供部屋	孩子的房间	ハイ ツ ダ ファン チェン	children's room

食事・食器・飲み物

- お箸 / 筷子 / チァイ ヅ / chopstick
- 醤油 / 酱油 / チアン ユー / soy sauce 
- 塩 / 盐 / イエン / salt 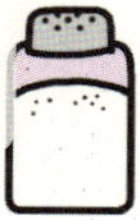
- 皿 / 碟子 / ティエ ヅ / dish 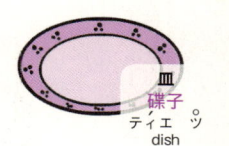
- お茶 / 茶 / チャー / tea 
- ジュース / 果汁 / クオ チー / juice
- コーヒー / 咖啡 / カー フェイ / coffee 
- デザート / 甜点 / ティエン ティエン / desert 
- たばこ / 香烟 / シアン イエン / tobacco 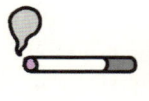
- 灰皿 / 烟灰缸 / イエン ホイ カン / ashtray 
- 禁煙 / 禁烟 / チン イエン / No smoking 
- お酒 / 酒 / チウ / liquor 
- ビール / 啤酒 / ピー チウ / beer

フレーズ

私たちの友情に、乾杯！
为了我们的友谊，干杯！
ウエイ ラ ウオ メン ト ユー イー カン ペイ！
For our friendship, cheers!

たくさんお食べください
请多吃一点
チン トゥオ チー イー ティエン
Please eat as much as you like.

お水をください
请给我一杯水
チン ゲイ ウオ イー ベイ ショイ
Give me a glass of water.

トイレを貸してください
请借洗手间
チン チエ シー ショウ チエン
May I use your bathroom?

ご招待ありがとう。そろそろ帰ります
谢谢你们的招待，我要走了
シエ シエ ニー メント チャオ ダイ ウオ ヤオ ヅォウ ラ
thank you for inviting me, but I should be going.

とても楽しかったです
今天玩儿得真愉快
チン ティエン ワル ド チェン ユィ こアイ
I had a wonderful day.

使える！ワードバンク 〔住宅編〕

家（一戸建て）	房子	ファン ヅ
アパート／マンション	公寓	コン ユィ
屋根	屋顶	ウー ティン
壁	墙	チアン
窓	窗户	チュアン フ
ベランダ	阳台	イエン タイ
ペット	宠物	チョン ウー
植木	园木	ユアン ムー
掃除機	吸尘器	シー チェン チー
照明	照明	チャオ ミン
エアコン	空调	コン ティアオ
～階	～楼	～ロウ
コンロ	煤气炉	メイ チー ルー
時計	钟表	チョン ピアオ
隣の家	邻居	リン チュー
地下室	地下室	ティー シア シー

疑問詞、動詞

疑问词、动词
イー ウエン ツー、トン ツー
Interrogative Verbs

あの人は誰ですか？
他（她）是谁？
たー（たー）シェイ
Who is he(she)?

これは何ですか？
这是什么东西？
チョー シー シェン モ トォン シ
What is this?

いつ？
什么时候
シェン モ シー ホウ
when?

どこ？
哪里
ナー リ
where?

どれくらい？
多少
トゥオ シャオ
How many?

いくら？
多少钱
トゥオ シャオ チエン
How much?

なぜ？
为什么
ウェイ シェン モ
Why?

どうやって？
怎么
ツェン モ
How?

だれ？
谁
シェイ
Who?

どこで？
在哪里
ツァイ ナー リ
Where?

どこまで？
到哪里
ダオ ナー リ
Where to?

いつまで？
到什么时候
ダオ シェン モ シー ホウ
Until when?

いくつ？(年齢) ★
几岁
チー スイ
How old?

何時？
现在几点钟？
シエン ツァイ チー ティエン チョン
What time is it?

どれほどの大きさ？
多大
トゥオ ダー
How large?

今日、時間はありますか？
今天有空吗？
チン ティエン ユー コン マ
Are you free today?

京劇を観に行かない？
去不去看京剧？
チュイ プ チュイ かン チン チュイ
Let's go to see classical Chinese opera.

さらに	少し	すぐに
再	一点	马上
ツァイ	イー ティエン	マー シャン
besides	a little	soon

★相手が子供の場合。大人には「多大岁数（トゥオ ダー ゾイ シュ）」と聞くのがマナー

○○はありますか？
有○○吗？
ユー ○○ マ
Do you have ○○ ?

○○したことがある ★
○○过
○○ クオ
have ○○

○○している
在○○着 ★
ツァイ ○○ チョ
I am ○○ing.

○○できる
会○○ ★
ホイ ○○
can ○○

○○ありますか？
有没有○○？
ユー メイ ユー ○○
have you ever ○○?

○○しますか？
○○吗？ ★
○○ マ
Do you ○○?

かもしれない
可能
コー ノン
may

ねばならない
应该
イン ガイ
must

食べる ★★	飲む ★★	話す	聞く
吃	喝	说	听
チー	ホー	シュオ	ティン
eat	drink	speak	liten/hear

読む	見る	書く	描く
读	看	写	画
トゥ	カン	シエ	ホア
read	see/look	write	paint

乗る	降りる
乘坐	下车
チョン ツオ	シア チョー
get on	get off

使える！ワードバンク 動作編

寝る	睡觉	ショイ チャオ
起きる	起床	チー チョアン
上げる	举起	チュイ チ
下げる	放下	ファン シア
笑う	笑	シアオ
泣く	哭	クー
心配する	担心	タン シン
怒る	生气	ション チー
忘れる	忘记	ワン チー
覚える	记住	チー チュー
押す	推	トイ
引く	拉	ラー
入る	进去	チン チュイ
出る	出去	チュー チュイ
動く	动	トン
吹く	吹	チュイ

立つ	座る
站	坐
チャン	ツオ
stand	sit

歩く	走る
走	跑
ツォウ	パオ
wark	run

行く	来る
去	来
チュイ	ライ
go	come

★○○には動詞が入ります
★★食べ物がおいしいは「好吃（ハオ チー）」、飲み物は「好喝（ハオ ホー）」

形容詞、感情表現

形容詞、感情表現
シン ロン ツー
カン チン ピアオ シエン
Adjectives, Expression feelings

北京の冬はとても寒いです
北京的冬天很冷
ベイ チン トォン ティエン ヘン ロン
It is very cold winter in Beijing.

私は中国料理が大好きです
我很喜欢中国菜
ウォ ヘン シー ホアン チョン グオ ツァイ
I like Chinesefood very mush.

暑い 热 レー hot	⇔	寒い 冷 ロン cold

| 好き 喜欢 ジー ホアン like | ⇔ | 嫌い 讨厌 たオ イエン dislike |

| 大きい 大 ダー big | ⇔ | 小さい 小 シァオ small |

| 重い 重 チョン heavy | ⇔ | 軽い 轻 チン light |

| 良い 好 ハオ good | ⇔ | 悪い 不好 ブー ハオ bad |

| きれい 漂亮 ピァオ リャン beautiful | ⇔ | 汚い 脏 ツァン dirty |

| 明るい 亮 リャン bright | ⇔ | 暗い 暗 アン dark |

| 新しい 新 シン new | ⇔ | 古い 旧 チウ old |

| 簡単 简单 チエン ダン easy | ⇔ | 難しい 难 ナン difficult |

| 遠い 远 ユアン far | ⇔ | 近い 近 チン near |

| 多い 多 トゥオ many, much | ⇔ | 少ない 少 シァオ few, little |

| 速い 快 こァイ fast | ⇔ | 遅い 慢 マン slow |

| 高い 高 ガオ high | ⇔ | 低い 低 ディ low |

| 温い 温 ウェン hot | ⇔ | 冷たい 凉 リァン cool |

この料理はとてもおいしい
这菜的味道真不错
チョー ファイ ト ウェイ タオ チェン ブー ツォ
This dish tastes great.

中国語が大変上手ですね
你说汉语说得很好
ニー シュオ ハン ユィ シュオ ト ヘン ハオ
You can speak Chinese very well.

ここからの眺めはすばらしい
从这儿看风景特别好
ツォン チョール カン フォン チン トー ビエ ハオ
What beautiful scenery from here.

人が多いですね！
人太多！
レン たイ トゥオ
Too much people!

おもしろい / 有意思 / ユー イース / interesting

つまらない / 没有意思 / メイ ユー イー ス / dull

かっこいい / 帅 / ショアイ / cool

かわいい / 可爱 / ごー アイ / pretty

欲しい / 要 / ヤオ / need

いらない / 不要 / ブー ヤオ / unnecessary

おかしい / 可笑 / ごー シャオ / funny

珍しい / 少见 / シャオ チエン / rare

残念 / 可惜 / ごー シー / regret

怖い / 可怕 / ごー パー / horrible

面倒だ / 麻烦 / マー ファン / trouble

便利だ / 方便 / ファン ピエン / convenient

流行っている / 流行 / リウ シン / trendy

人気がある / 受欢迎 / ショウ ホアン イン / popular

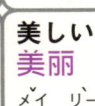

美しい / 美丽 / メイ リー / beautiful

真面目 / 认真 / レン チェン / serious

重要だ / 重要 / チョン ヤオ / important

使える！ワードバンク 〔形容詞編〕

正しい	正确 チョン チュエ	↔	間違い	错误 ツォ ウー
高い	贵 コイ	↔	安い	便宜 ピエン イー
厚い	厚 ホウ	↔	薄い	薄 バオ
深い	深 シェン	↔	浅い	浅 チエン
柔らかい	软 ルワン	↔	硬い	硬 イン
静か	安静 アン チン	↔	にぎやか	热闹 レー ナオ
忙しい	忙 マン	↔	暇だ	有空 ユー コン

体、病気、けが

身体、生病、受伤
シェン ティ、ション ビン
ショウ シャン

Body, Sickness, Injury.

気分がよくありません
不舒服
ブー シュー フ
I'm nauseous.

日本語のできるお医者さんはいますか？
有会说日语的医生吗？
ユー ホイ シュオ リー ユィ ト イー ション マ
Is there a doctor who can speak Japanese?

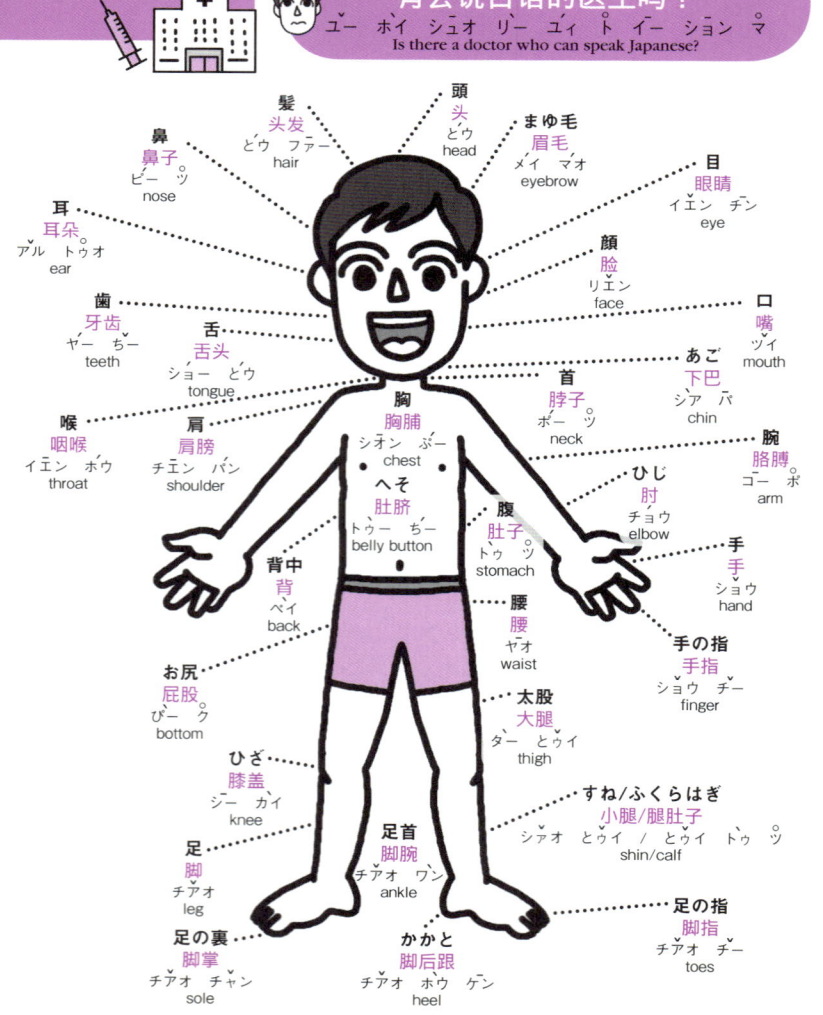

髪 / 头发 / トウ ファー / hair

頭 / 头 / トウ / head

まゆ毛 / 眉毛 / メイ マオ / eyebrow

目 / 眼睛 / イエン チン / eye

鼻 / 鼻子 / ビー ツ / nose

顔 / 脸 / リエン / face

耳 / 耳朵 / アル トゥオ / ear

口 / 嘴 / ツイ / mouth

歯 / 牙齿 / ヤー チー / teeth

舌 / 舌头 / ショー トウ / tongue

あご / 下巴 / シア バ / chin

喉 / 咽喉 / イエン ホウ / throat

首 / 脖子 / ポー ツ / neck

肩 / 肩膀 / チエン バン / shoulder

胸 / 胸脯 / シオン ブー / chest

腕 / 胳膊 / コー ポ / arm

へそ / 肚脐 / トゥー チー / belly button

ひじ / 肘 / チョウ / elbow

腹 / 肚子 / トゥ ツ / stomach

手 / 手 / ショウ / hand

背中 / 背 / ベイ / back

腰 / 腰 / ヤオ / waist

手の指 / 手指 / ショウ チー / finger

お尻 / 屁股 / ピー ク / bottom

太股 / 大腿 / ター トゥイ / thigh

ひざ / 膝盖 / シー カイ / knee

すね/ふくらはぎ / 小腿/腿肚子 / シァオ トゥイ / トゥイ トゥ ツ / shin/calf

足首 / 脚腕 / チアオ ワン / ankle

足 / 脚 / チアオ / leg

足の指 / 脚指 / チアオ チー / toes

足の裏 / 脚掌 / チアオ チャン / sole

かかと / 脚后跟 / チアオ ホウ ケン / heel

★中国の病院は受付（挂号 コア ハオ）、診察、処方箋で前金を要求されます

どうしましたか？
你怎么了
ニー ツェン モ ラ
What is wrong?

熱があります
我发烧了
ウォ ファー シャオ ラ
I have a fever.

手をけがしました
我手受伤了
ウォ ショウ ショウ シャン ラ
I injured my hand.

お腹が痛いです
我肚子疼
ウォ トゥ ツ どン
I have a stomach ache.

風邪 感冒 ガン マオ cold	下痢 拉肚子 ラー トゥ ツ diarrhea	吐き気 想吐 シアン とウ nuasea	高（低）血圧 高（低）血压 カオ（ティー）シュエ ヤー high(low)blood pressure
腹痛 肚子疼 トゥ ツ どン stomach ache	頭痛 头疼 とウ どン head ache	疲労 疲劳 ぴー ラオ fatigue	食あたり 食物中毒 シー ウー チョン トゥー food poisoning
打撲 碰伤 ぽン シャン bruise	骨折 骨折 グー チョー broken bone	やけど 烧伤 シャオ シャン burn	ねんざ 扭伤 ニウ シャン sprian
出血 出血 ちュー シュエ bleeding	切り傷 刀伤 ダオ シャン cut	歯痛 牙疼 ヤー どン toothache	花粉症 花粉过敏症 ファ フェン ウォ ミン チョン pollinosis
薬 药 ヤオ medicine	入院 住院 チュー ユアン hospital stay	注射 打针 ダー チェン injection	手術 手术 ショウ シュー surgery

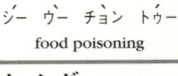

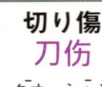

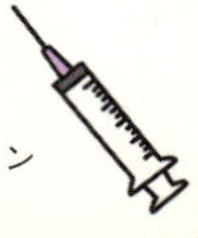

使える！ワードバンク メディカル編

病院	病院	イー ユアン
外科	外科	ワイ ごー
内科	内科	ネイ ごー
眼科	眼科	イエン ごー
歯科	牙科	ヤー ごー
婦人科	妇科	フー ごー
生理	月经	ユエ チン

事故、トラブル

事故、纠纷
シークー、ヂウ フェン
Accident, Trouble

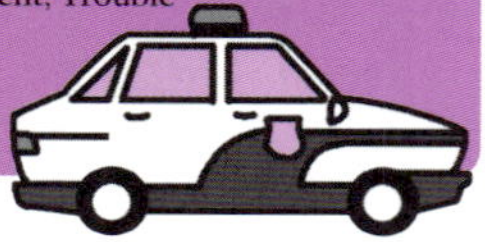

財布をなくしました
把钱包丢掉了
バー ちエン バオ デウ ティアオ ラ
I lost my wallet.

カメラを盗まれました
照相机被偷了
チャオ シアン チー ペイ どウ ラ
My camera was stolen.

おちつけ
别着急！
ビエ チャオ チー
Calm down!

心配ない
不要担心
ブー ヤオ ダン シン
Don't worry.

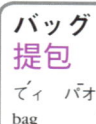

だいじょうぶ
没事
メイ シー
It's OK.

仕方がない
没办法
メイ バン ファー
No choice.

荷物 行李 シン リ baggage 	バッグ 提包 ティ バオ bag 	クレジットカード 信用卡 シン ヨン がー credit card 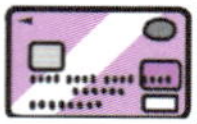	パスポート 护照 ブー チャオ passport 
財布 钱包 チエン バオ wallet 	カメラ 照相机 チャオ シアン チー camera 	現金 现金 シエン チン cash 	航空券 ★ 机票 チー びアオ air ticket

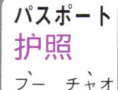

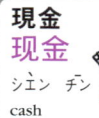

警察（救急車）を呼んでください
请叫警察（救护车）
ちン チアオ ヂン ちャー（ヂウ ブー チョー）
Call the police (ambulance car), please.

クレジットカードを無効にする
冻结信用卡
ドン チエ シン ヨン がー
cancel a credit card

日本語（英語）のわかる人をお願いします
请找会说日语（英语）的人
ちン チアオ ホイ シュオ リー ユィ（イン ユィ）ト レン
Please find someone who speakes Japanese (English).

盗難証明/事故証明
被盗证明/事故证明
ペイ タオ チョン ミン/シー クー チョン ミン
incident report

日本大使館（領事館）に連絡してください
请你给日本大使馆（领事馆）打电话！
ちン ニー ゲイ リー ベン ター シー コアン（リン シー コアン）ダー ティエン ホア
Please call the Japanese Embassy (Consulate).

★航空券と交換する搭乗券は、「登机牌（ドン チー ぱイ）」という

日本語	中国語	ピンイン	English
どろぼう	小偷	シアオ トウ	thief
スリ	扒手	パー ショウ	pickpocket
痴漢	色情狂	ソー チン コアン	groper
火事	火灾	ブオ ツァイ	fire
自然災害	自然灾害	ツー ラン ツァイ ハイ	natural disaster
交通事故	交通事故	チアオ トォン シー グー	traffic accident
地震	地震	ティー チェン	earthquick

車にはねられてけがをしました
被车子撞伤了
ベイ チョー ツ チョアン シャン ラ
I was injured when a car hit me.

日本語	中国語	ピンイン	English
おい！	欸！	アイ	Hey you!
やめろ！	住手！	チュー ショウ	Stop!
待て！	站住！	チャン チュー	Wait!
返せ！	还我！	ホアン ウオ	Give it back!
捕まえろ！	抓住他！	チョア チュ ター！	Grab them!
あっちに行け！	滚开！	グン カイ	Go away!
出て行け！	出去！	チュー チュイ	Get out!
助けて！	救命！	チウ ミン	Help!
開けて！	开门！	カイ メン	Open up!
急いで！	快点！	コアイ ティエン	Hurry!
危ない！	危险！	ウェイ シエン	Be carefull!
離せ！	放手	ファン ショウ	Let me go!
いらない！	不要！	ブー ヤオ	I don't need it.

ひとくちコラム

海外旅行保険には必ず入ろう
警察署や派出所で紛失物の届出をしても、見つかるケースは非常に稀。万が一のためにも旅行保険には必ず入っておいたほうがよいでしょう。

column ｜ ～「中国流」マスターへの道～

旧中国の表現には気を使おう

旧中国の表現とは

新中国の成立（1949年）前の時代を知る人は少なくなりましたが、まだ現役で活躍している方もおられるので、昔の呼称についてふれておきます。

かつて西欧列強が侵略した時代から戦後間もない頃まで、日本人は中国のことを「支那（チーナー）」と呼んでいました。これは古代中国を統一した「秦（ぢン）」から欧米人が「China」と呼び、日本でもその呼び方に倣ったものとされています。

「支那」が最初に使われたのは隋の仏教伝来の時、中国の訳経僧が梵語の「チーナ・スターナ」から漢字をあてたものです。本来は差別する呼び方でありませんでしたが、当時の日本人は中国が求める国名を使わず、軽蔑のつもりで「支那」としていました。

この歴史的経緯があって、侵略者の命名である「支那」については、中国の人にとって快く思っていない人がいますので、使わないようにしましょう。

正式な呼び方は「東北」

もう一つの中国である「満州国（マンチョウ グオ）」について。これは日本軍の傀儡国家でした。新しい時代、新しい呼称になじんでいない高齢者は、中国の東北について「満州」という人がまだいます。清朝を興した「満族（マン ヅー）」については今でも一少数民族として呼ぶことがあり、問題はありませんが、「満州」という言い方は避けて今の正式名称である「東北」と呼びましょう。

これらは20世紀の影の部分であり、ゆがんだグローバル化でした。宴会ではよく中国の呼称について議論になることがありますが、当時の教育を受けた日本の近代史がゆがんでいることも忘れずに謙虚に対応したいものです。

国際社会に貢献する21世紀にふさわしいグローバル化に私たちは生きているのですから、自分たちをこう呼んでほしいと求められれば、これに応じて、お互いに尊重するようにしたいものです。

もっと仲良くなるために、日本のことを伝えよう！

日本の紹介

日本の地理	112
日本の山・日本三景・三名城	112
世界遺産	113
日本の１年	114
日本文化	116
日本の家族	118
日本料理	120
日本の生活	122
〈コラム〉中国の祭日	124

日本の地理

日本的地理
Geography in Japan

日本列島は4つの大きな島(北海道、本州、四国、九州)と大小約7000もの島々から成り立っている。

日本列島由四大島屿（北海道、本州、四国、九州）和约7000个大小不等的岛屿所组成。

私は○○で生まれました
我出生在○○
ウォ チュー ション ツァイ ○○
I was born in ○○.

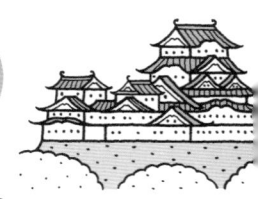

日本の山 高さベスト3 日本最高的三大山峰

1	富士山	3,776m	富士山	3,776米
2	北岳	3,192m	北岳	3,192米
3	奥穂高岳	3,190m	奥穂高岳	3,190米

三名城 三大名城

姫路城（兵庫） 姫路城（兵库）
松本城（長野） 松本城（长野）
熊本城（熊本） 熊本城（熊本）

日本三景 日本的三大美景

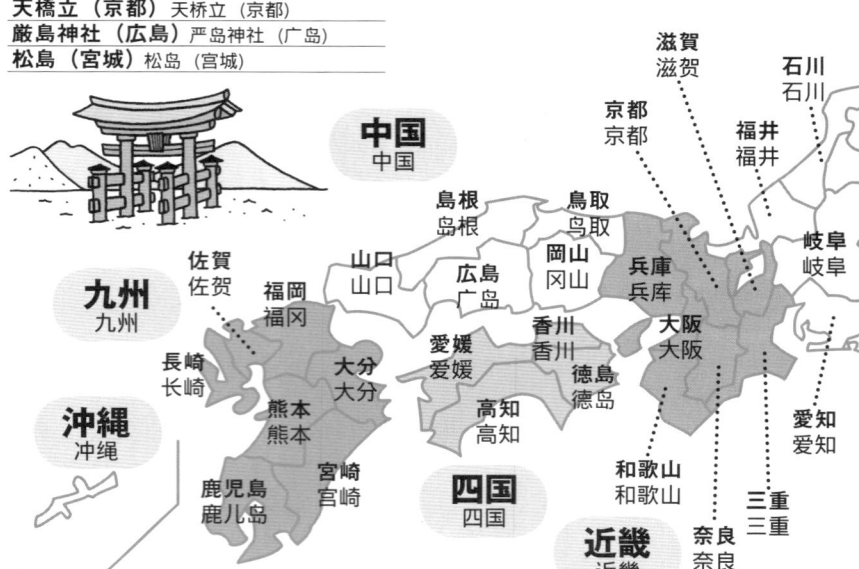

天橋立（京都） 天桥立（京都）
厳島神社（広島）严岛神社（广岛）
松島（宮城）松岛（宫城）

中国 中国
九州 九州
沖縄 冲绳
四国 四国
近畿 近畿

滋賀 滋贺
石川 石川
京都 京都
福井 福井
島根 岛根
鳥取 鸟取
岐阜 岐阜
佐賀 佐贺
山口 山口
岡山 冈山
兵庫 兵库
福岡 福冈
広島 广岛
愛媛 爱媛
香川 香川
大阪 大阪
長崎 长崎
大分 大分
徳島 德岛
愛知 爱知
熊本 熊本
高知 高知
宮崎 宫崎
和歌山 和歌山
三重 三重
鹿児島 鹿儿岛
奈良 奈良

112

私の国を紹介します。
介绍我的国家

北海道
北海道

青森
青森

東北
东北

秋田
秋田

岩手
岩手

山形
山形

宮城
宮城

富山
富山

新潟
新泻

福島
福岛

群馬
群马

栃木
栃木

茨城
茨城

長野
长野

山梨
山梨

埼玉
埼玉

東京
东京

千葉
千叶

神奈川
神奈川

関東
关东

静岡
静冈

中部
中部

[世界遺産] 世界遗产

日本にあるユネスコの世界遺産は、2010年2月現在、14物件あります。
截止2010年2月，由联合国教科文组织指定的世界遗产在日本有14个。

- ●知床（北海道、2005/自）知床
- ●白神山地（青森、秋田、1993/自）白神山地
- ●日光の社寺（栃木、1999/文）
  日光的神社和寺院
- ●白川郷・五箇山の合掌造り集落（岐阜、1995/文）
  白川乡・五个山的合掌型茅草民宅
- ●古都京都の文化財
  （京都市、宇治市、大津市、1994/文）
  古都京都的文化财产（京都市、宇治市、大津市）
- ●古都奈良の文化財（奈良、1998/文）
  古都奈良的文化财产
- ●法隆寺地域の仏教建造物（奈良、1993/文）
  法隆寺地区的佛教建筑物
- ●紀伊山地の霊場と参詣道
  （三重、奈良、和歌山、2004/文）
  纪伊山地的灵场和参拜道路
- ●姫路城（兵庫、1993/文）姬路城
- ●広島の平和記念碑〈原爆ドーム〉（広島、1996/文）
  广岛的平和记念碑（原爆圆顶馆）
- ●厳島神社（広島、1996/文）严岛神社
- ●石見銀山遺跡とその文化的景観（島根、2007/文）
  石见银山遗迹和文化的景观
- ●屋久島（鹿児島、1993/自）屋久岛
- ●琉球王国のグスク及び関連遺跡群（沖縄、2000/文）
  琉球王国的首里城以及相关遗迹群

※（ ）内は所在地、登録年、文＝文化遺産、自＝自然遺産

海外出張・移動
オフィス
接待・食事
取引企業訪問
ビジネス最前線
伝えよう
日本の紹介

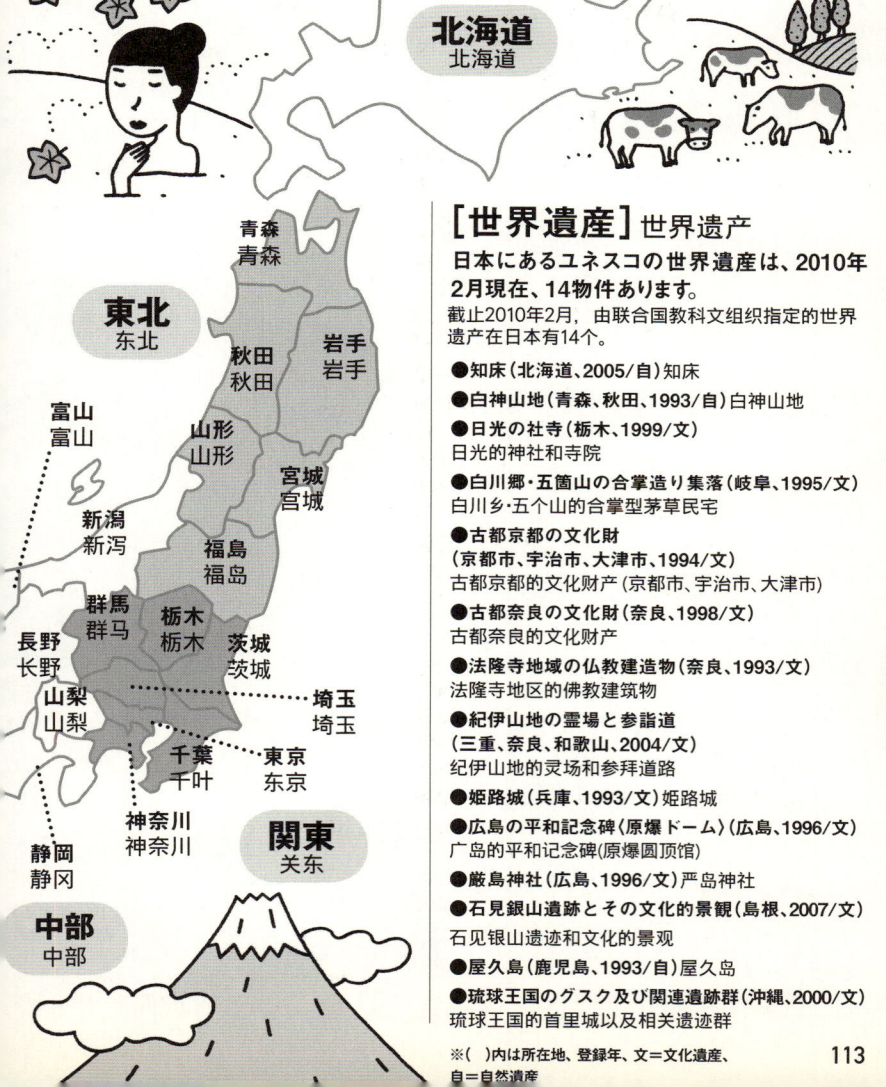

日本の1年

日本的一年
A Year in Japan

日本には4つの季節"四季(Shiki)"があり、それぞれの季節とその移り変わりを楽しむ行事がある。

日本一年有4个季节，每个季节都有享受季节变迁的活动。

日本は今、○○の季節です
日本现在是○○季 （天）
リーベン シエン ツァイ シー ○○ チー（ティエン）
It is now ○○ in Japan.

[七夕(7月7日)]
七夕(7月7日)

中国の伝説から始まった行事。折り紙や色紙で笹を飾り付け、家の庭などにたてる風習が残っている。また、願いごとを書いた紙を笹に飾ると願いが叶う、といわれている。

根据中国传说的纪念仪式。至今保留着将竹竿用折纸或有色纸装饰起来，坚立在院子里的风俗。另外，还传说将心愿写在纸上扎到竹竿上即可心想事成。

[端午の節句(5月5日)]
端午节(5月5日)

男児の健やかな成長と幸せを願う日で祝日になっている。男児がいる家庭では、鯉のぼりを揚げ、武者人形や鎧兜を飾る。

在日本是祈愿男孩健康成长和幸福的日子。有男孩的家庭要高挂鲤鱼旗，在家里摆设武者偶人或者铠甲。

[花見] 赏樱花

桜の満開時期になると、職場仲間や友人、家族で公園などに出かけ、桜の木の下で食事をしたり、酒を飲んだりする。

当樱花盛开之际，公司的同事、亲朋好友或者全家人一起去公园等地，在樱花树下边饮食边赏樱花。

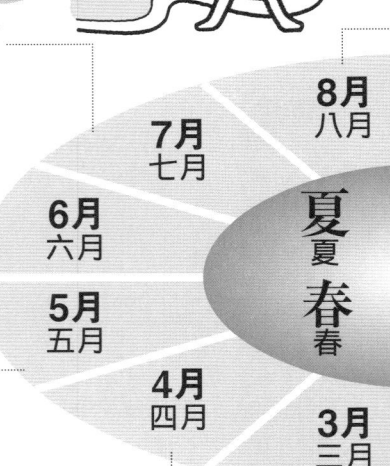

8月 八月
7月 七月
6月 六月
5月 五月
4月 四月
3月 三月

夏 夏
春 春

[ひな祭り(3月3日)]
女儿节 (3月3日)

女児の健やかな成長と幸運を願う行事。ひな人形を飾り、桃の花や白酒、ひし餅、ひなあられを供える。

祝愿女孩健康成长和幸运的仪式活动。供有日本女孩人偶、桃花、白酒、菱型饼、甜米粉点心等。

[盆]
盂兰盆节

7月13～15日、または8月13～15日に帰ってくる祖先の霊を迎えて慰めるため、さまざまな行事を行う。都会に住む人も故郷に帰って、墓に花を供えるなどして祖先の霊を供養する。

为安抚7月13～15日或者8月13～15日归来的祖先的亡灵而举行的各种仪式。住在城市里的人也要回到家乡，为祖先扫墓献花，祭典祖先之灵。

[月見(9月中旬)]
赏月(9月中旬)

月を鑑賞する行事を月見という。9月中旬頃の満月を特に「十五夜」とよび、月見だんごや果物、秋の七草を供える。

9月中旬满月之日为农历的15日，此夜人们供上赏月团子、水果和秋天七草，同时观赏满月之夜。

私の国を紹介します。
介绍我的国家

[クリスマス(12月25日)]
圣诞节(12月25日)

日本ではクリスマスは宗教色が薄く、家族や友人、恋人達が絆を確かめあう行事であることが多い。

日本的圣诞节宗教气息不浓，多数都是亲朋好友、情人们之间的情谊交流。

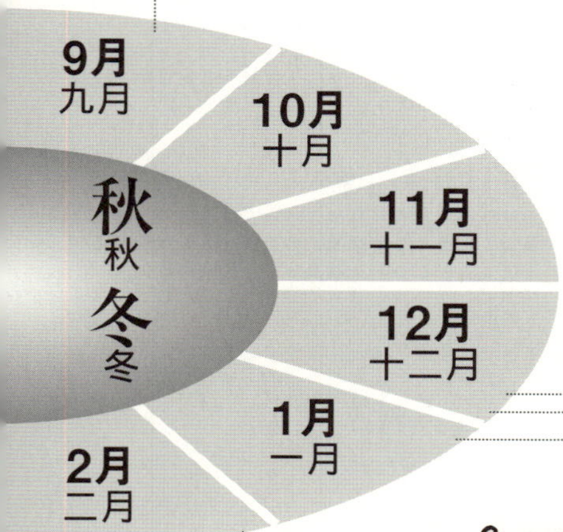

[大晦日(12月31日)]
除夕夜(12月31日)

大晦日の夜には、家族揃ってテレビで歌番組を見てすごす。また、家族揃ってそばを食べることによって、健康と長寿を願う。

在除夕夜，全家聚在一起，看着电视渡过。另外全家一起吃荞麦面条，预祝健康和长寿。

9月 九月
10月 十月
11月 十一月
12月 十二月
1月 一月
2月 二月

秋 冬

[正月] 正月

1年の最初の月のことだが、1月1～7日を指すことが多い。古来より、正月の行事は盆とともに重要なものとされている。

一年最初的月份，但一般多指1月1～7日。自古以来正月和盂兰盆会的仪式活动被认为是很重要的。

[節分(2月3日)]
节分(2月3日)

「鬼は外」「福は内」とかけ声をかけながら、鬼役の人に向かってマメを投げる。邪悪なものや不幸を家の外に追い払い、福を呼び込む意味がある。

人们在自家门口一边喊"鬼在外，福在内"，一边向扮演鬼的人扔豆子。意即将家里的邪恶和不幸赶出家门，将福呼进家门。

[バレンタインデー(2月14日)]
情人节 (2月14日)

女性から男性にチョコレートを贈るのが一般的。贈り物をもらった男性は3月14日のホワイトデーにお返しをする。

在日本一般由女性向男性赠送巧克力。获得巧克力等的男性在3月14日的"白色情人节"给女性还礼。

115

日本文化

日本文化
Japanese Calture

○○を知ってますか？
你知道○○吗？
ニー チー タオ ○○ マ
Do yo know ○○ ?

[着物] 和服

着物は和服ともよばれる日本の伝統的衣服。江戸時代までは日常着だった。洋服が普及してからは礼服として冠婚葬祭や茶道の席で着ることが多い。

和服是日本的传统服装，到江户时代为止是为日常穿的服装着。西装的普及之后，和服作为礼服多在婚庆葬礼或、席茶道仪式时穿。

[浮世絵] 浮世绘

浮世絵は江戸時代に発達した風俗画。15～16世紀には肉筆の作品が中心だったが、17世紀後半、木版画の手法が確立され、大量生産が可能になると、庶民の間に急速に普及した。

浮世绘是在江户时代发展起来的风俗画。在15～16世纪，以手笔画作品为中心，到17世纪后叶，随着木版画手法的确立，画的大量印刷成为可能，由此浮世绘在民间得到了急速的普及。

[短歌と俳句] 短歌和俳句

短歌は日本独特の和歌の一形式で、五七五七七の五句31音で構成される。俳句は五七五の三句17音の詩。この短い形式の中に美しい言葉で季節や自分の気持ちを詠み込む。

短歌是日本独特的诗歌的一种形式，由五七五七七的31个音节、五个句子组成。俳句是由五七五的17个音节、三个句子组成的诗。在简短的形式中，用优美的词语来表达四季的变化以及自己的心情。

[盆栽] 盆景

盆栽は、鉢に植えた小さな木を自然界にあるような大木の形に整え、その姿を楽しむ植物の芸術作品。木の姿だけでなく、鉢も鑑賞の対象となる。

盆景是将花盆里的小树修剪成自然界的大树摸样以供欣赏的植物艺术。而且不仅限于欣赏植物，花盆也是欣赏的对象。

[生け花] 花道

生け花は草花や花を切り取り、水を入れた花器に挿して鑑賞する日本独特の芸術。もとは仏前に花を供えるところから始まったが、室町時代（14～16世紀）には立花として流行し、江戸時代になると茶の湯とともに一般に普及した。

剪下鲜花或草，插入花瓶以供欣赏的日本独特的艺术。最早起源于在佛前奉花的习俗到室町时代（14～16世纪）插花形式开始流行，到江户时代花道与茶道一起普及起来。

[茶の湯] 茶道

茶の湯は、16世紀ごろ千利休が大成した。彼は禅の精神を取り入れ、簡素と静寂を旨とする日本独特の「わび」の心を重んじた。さどう、ちゃどうともよばれる。

在16世纪左右由千利休大功告成。他将禅的精神融入其中，重视简朴和寂静，体现了日本人独特的恬静神怡之精神。

私の国を紹介します。
介绍我的国家

[歌舞伎] 歌舞伎

江戸時代に生まれた日本独特の演劇芸術。1603年、出雲大社の巫女だった女性たちによって京都で興行したのが始まりといわれている。風紀を乱すということから禁止されたが、その後、徳川幕府により成人男子が真面目な芝居をすることを条件に野郎歌舞伎が許された。現在の歌舞伎は男性のみで演じられる。★

江户时代诞生的日本独特的舞台剧艺术。据说始于1603年出云大社的巫女们在京都的表演。但由于扰乱风气而被禁止，此后德川幕府以严肃戏为条件，允许成年男子出演歌舞伎。现在的歌舞伎只有男性出演。★

[相撲] 相扑

日本の伝統的なスポーツのひとつ。土俵とよばれる丸いリングの中で2人が組み合い、相手を土俵の外に出すか、地面に倒した方が勝ち。古くから相撲は神の意志を占う役割があったが、8世紀ごろの、天皇に見せる節会相撲が始まり。現在は日本の国技として人気を集め、外国人力士も増加中。

日本的传统体育项目之一。参加比赛的2人在被称作"土俵"的圆形赛台上交手，或将对方推出土俵、或将对方打倒在地为胜。虽然自古以来相扑具有占卜神之意志的作用，但到了8世纪左右，给天皇观看的节会相扑开始了。现在作为日本的国技大受欢迎，外国力士的人数也不断增加。

[文楽] 文乐

日本の伝統的な人形芝居、人形浄瑠璃（義太夫節）という独特の歌謡に合わせて演じられる。人形浄瑠璃が成立したのは1600年前後といわれ、主に大阪を中心に発展してきた。★

日本的传统木偶戏配合独特的歌谣——人形浄瑠璃（义太夫节）而成。据说人形浄瑠璃成立于1600年前后，主要在以大阪为中心得到发展。★

[能・狂言] 能・狂言

室町時代初期（14世紀）に出来上がった歌舞劇で、二人から数人で、華麗な衣装と仮面をつけて演じる古典芸能。狂言は、ユーモアにあふれたセリフ主体の劇である。

是在室町时代初期（14世纪）产生的歌舞剧。由二人到数人，身着华丽的服装，脸戴面罩，演出古典戏。狂言是一种以充满幽默的台词为主体的戏剧。★

[柔道] 柔道

日本に古くからあった柔術という格闘技を、19世紀に嘉納治五郎がスポーツとして改良したもの。体と精神の両方を鍛えることを目的としている。

日本自古就有的格斗技法——柔术在19世纪时，由嘉纳治五郎改造为体育项目。

[剣道] 剑道

剣を使って心身を鍛える道。武士の時代には相手を倒すための武術だったが、現在では面、胴、小手などの防具をつけ、竹刀で相手と打ち合う。

剑道是用剑来锻炼身心之术。武士时代是用于击倒对方的武术，现在是在面部，手臂，小臂套上防护用具，用竹刀与对手对打。

★歌舞伎、能楽、人形浄瑠璃文楽は、ユネスコの無形文化遺産に登録されている

日本の家族

日本的家庭
Japanese Families

生を受け、その生涯を終えるまでに、自分の家族の幸せや長寿を願い、さまざまな行事が行われる。

从出生到寿终，为祝愿自己家庭成员的幸福和长寿而举行各种各样的仪式。

誕生日おめでとう！
生日快乐！
ション リー こアイ ロー
Happy birthday to you !

ありがとう！
谢谢！
ジエ ジエ
Thank you!

[結婚式] 结婚典礼
決まった宗教を持たない人が多い日本では、結婚式の形式も特定の宗教に捕われないことが多い。古来より神前結婚式が多数を占めていたが、最近はキリスト教式の結婚式を選ぶ人も多い。
许多日本人没有固定的宗教信仰，结婚典礼也不受宗教约束来缚。自古以来在神社举行婚礼的人较多，最近也有许多人选择基督教形式的婚礼。

男性25、42、61歳
女性19、33、37歳 ※3

男性32歳、女性29.8歳
（平均婚姻年齢）※1

60歳

[還暦] 花甲之年
一定の年齢に達した高齢者に対し、長寿のお祝をする。例えば、数え年での61歳を還暦といい、家族が赤い頭巾やちゃんちゃんこを贈る風習がある。
对高龄人表示祝贺长寿之意。比如年满60岁（虚岁61岁）的被称为花甲，有家人赠送红头巾和棉坎肩的习惯。

[厄年] 本命年
厄年とは病気や事故、身内の不幸といった災いが降りかかりやすい年齢のこと。
本命年是指本人容易生病、出事故、亲属容易遭受不幸的交厄运之年龄。

男性79歳、女性86歳
（平均寿命）※2

[葬式] 葬礼
日頃あまり宗教的ではない日本人も、葬式においては多分に宗教的である。そのほとんどが仏教式。
既使平时不信教的日本人，在葬礼上多带有宗教色彩。葬礼基本上是佛教式的。

[法要] 法事
葬式が終わったあとも、死者が往生して極楽（キリスト教における天国）に行けるよう、生きている人が供養を行う。初七日、四十九日、一周忌が特に重要とされている。
既使在葬礼结束之后，为了让死者到极乐世界（基督教的天国）去，活着的人所进行的供养仪式。死者死后的初七日、四十九日、一周年特别重要。

※1、2 は 2009 年厚生労働省人口動態統計に拠る

私の国を紹介します。
介紹我的国家

[帯祝い] 腹帯礼
妊娠して5カ月目の、干支でいう戌の日に、妊婦の実家が腹帯を贈る行事。戌の日に行うのは多産な犬にあやかり、安産を祈ることに由来する。
妇女怀孕到了第五个月的干支戌日，其娘家要赠送腹带给孕妇。源于对多产的狗的羡慕，祈祷顺产。

[お宮参り] 参拝神社
赤ちゃんの誕生を祝い、元気な成長を願って、男の子は生後30日目、女の子は生後33日目に住んでいる土地の神社にお参りする。
为祝贺婴儿诞生，祈愿婴儿健康成长，在男孩出生后第30天、女孩出生后第33天，去所在地的神社参拜。

誕生前 ▶ **生後30〜33日** ▶ **3歳** ▶ **5歳** ▶ **7歳**

[七五三] 七五三
子供の健やかな成長を願って、男の子は3歳と5歳、女の子は3歳と7歳のときに神社にお参りをする。
为祝愿孩子健康成长，在男孩3岁和5岁，女孩3岁和7岁时，去神社参拜。

20歳 ◀ **18歳〜** 大学／専門学校 ◀ **16〜18歳** 高等学校 ◀ **6〜15歳** 小〜中学校

[成人の日] 成人节
満20歳になった人を成人として認める儀式。1月の第2月曜日に、各地の自治体では記念の式典が行われる。満20歳になると選挙権が得られる。また、飲酒、喫煙も許される。
年满20岁时举行的成人仪式。每年1月份的第2个星期一，在各地方政府举行纪念活动。年满20岁就拥有了选举权。而且还允许喝酒，吸烟。

[進学] 上学
幼稚園、小学校、中学校、高校、大学を経て就職するまで、子供の教育に必死になる親は多い。
从幼儿园、小学、初中、高中、大学到就职为止，许多父母为了自己孩子的教育而费尽心血。

現代家族の形態

[核家族] 小家庭
日本で主流になっている家族形態。かつては若年層世帯の多い都市部に多かったが、現在では過疎化の進む地方でも目立つ。
日本主要的家庭形态。以前城市里年轻人的小家庭较多，现在人口稀疏的地方小家庭也引人注目。

[共働き] 双职工
結婚しても、夫と妻の双方が仕事を続ける場合が多く、その場合子供を持たない夫婦をDINKSとよぶ。
既使在结婚之后，双方继续工作的夫妇增多。在这种场合下没有孩子的家庭叫"丁克家庭"。

[パラサイトシングル] 寄生独身
一定の収入があっても独立せず、結婚適齢期を過ぎても親と同居し続ける独身者のことをいう。
是指虽然有一定的收入，但不独立生活，既使过了结婚年龄也和父母同居的独身。

※3 厄年は数え年（満年齢に1つ足す）であらわされる

日本料理

日本菜肴
Japanese Cuisine

現代の日本では、あらゆる国の料理を楽しむことができるが、ここでは日本の代表的な料理をいくつか紹介する。

现在在日本，可以品尝到世界各国的菜肴，在这里我们将介绍日本的具有代表性的菜肴。

ごちそうさま★
我吃饱了（含有感谢之意）
ウォ チー バオ ラ（ハン ヨウ カン シエ チー イー）
Thank you.

いただきます！★
我开始吃了！（含有感谢之意）
ウォ かイ シー チー ラ（ハン ヨウ カン シエ チー イー）
That's great.

[刺身] 生鱼片

新鮮な魚介類を薄切りにして盛り付けたもの。普通、ワサビを薬味にして醤油につけて食べる。

将新鲜的鱼贝类切成薄片摆入盆中，一般沾芥末和酱油吃。

[すし] 寿司

砂糖を混ぜた酢で調味した飯（すし飯）にさまざまな魚介類を薄切りにして載せたもの。

在带有甜醋味的饭团（寿司饭）上面放着各种各样的切薄的鱼虾贝类的肉片。

[すき焼き] 日式牛肉火锅

鉄鍋を使い、牛肉の薄切り肉と豆腐、野菜などを卓上コンロで煮ながら食べる。

将生牛肉片、豆腐、蔬菜等放入桌子上的铁锅里，边煮边吃。

[天ぷら] 天妇罗

野菜や魚介類に衣をつけて油でからりと揚げた料理。

在蔬菜和鱼虾贝类的外表粘上小麦粉、面包粉等，用油炸脆而成。

[しゃぶしゃぶ] 涮牛肉

薄く切った牛肉を沸騰した昆布だしの鍋にさっとくぐらせ、たれにつけて食べる。

将生牛肉片放在烧开的海带汤锅里略煮一下，用调料蘸着吃。

[鍋もの] 日式火锅

大きな鍋で野菜や魚介類などを煮ながら食べる。材料や味付けによってさまざまな鍋がある。

在大锅里放入各种蔬菜和鱼虾贝类等，边煮边吃。根据不同的菜和调料，可作出不同的火锅。

★「いただきます」は食事のはじめに、「ごちそうさま」は食事の終わりに使う。いずれも食事を作ってくれた人への感謝の言葉　开始吃饭时说「我开始吃了」，吃完饭后说「我吃饱了」。两者都含有对做饭的人的感谢之意。

私の国を紹介します。
介绍我的国家

[会席料理]
宴会菜肴

酒宴のときに出される上等な日本料理。西洋料理のフルコースのように一品ずつ順に料理が運ばれる。季節に合った旬の素材が美しく調理される。

宴会时的高级菜肴，像西式套餐一样，按顺序一道一道上。用应季的食材精心烹调出来。

[麺類] 面类

そば粉に小麦粉、水などを加えて練り細く切ったそばと、小麦粉を練って作るうどんは日本の伝統的な麺類。

荞麦面（在荞麦粉里加入小麦粉、水等，搅拌后切成细条做成）和乌冬面（将小麦粉搅拌后做成）是日本传统的面条。

[おでん] 日式杂烩

醤油のだし汁で、魚の練り製品や大根、ゆで玉子などを数時間煮込んだもの。

用酱油海鲜汤将鱼制品、萝卜、熟鸡蛋等经数小时煮透而成。

[お好み焼き]
什锦煎菜饼

小麦粉に水と卵を加え、その中に野菜、魚介類、肉などを混ぜたものをテーブルにはめ込んだ鉄板で焼いて食べる。

在小麦粉里加入水和鸡蛋，再将蔬菜、鱼虾贝类、肉等搅拌在一起，放在镶嵌在桌子中间的铁板上进行烧烤后再吃。

[定食] 套餐

家庭的なおかずとご飯と味噌汁をセットにしたメニューで、学生から社会人までランチメニューとして人気。

由家常菜、大酱汤和米饭组成的套餐，作为午餐很受学生和社会人士的欢迎。

[焼き鳥] 日式烧烤

一口大に切った鶏肉や牛、豚の臓物を串に刺してあぶり焼きにする。甘辛いたれをつけたものと塩味のものが選べる。

将鸡肉、牛猪的内脏等切成一口大小，串成一串，加以烧烤。调料有微甜辣味和盐味可供选择。

食事のマナー
用餐规矩

ご飯、汁物を食べるときは、茶碗、汁椀を胸のあたりまで持ち上げる。
在吃饭喝汤时，将饭碗、汤碗拿到胸前。

刺身の盛り合わせや漬物など共用の箸が添えられているものは、その箸を使って少量を自分の皿に取り分ける。
当吃生鱼片或酱菜时备有公筷话，要用公筷夹少量的菜放到自己的盘子里。

汁物をいただくときは椀や器に口をつけて静かにいただく。
在喝汤时，将嘴直接靠近碗边，尽量不出声地喝。

茶碗のご飯は最後のひと粒まで残さず食べる。食べ終わったら箸をきちんと箸置きにおいて、食べ始めの状態に戻す。
将饭碗中的米饭一粒不剩地吃完。吃完后将筷子整齐地放到筷子架上，恢复到吃饭开始时的状态。

日本の生活

日本的生活
Life in Japan

すまい
居住

日本の住居は独立した一戸建てと、複数の住居が一棟を構成する集合住宅とに大別される。地価の高い都心では庭付きの一戸建てに住むのは難しく、マンションなどの集合住宅が人気。

日本的住宅大致分为独立的单户式宅和多户组成一栋楼的联合住宅。在地价昂贵的市中心，很难拥有带院子的独户住宅，公寓等联合住宅很受欢迎。

[和室] 和室

伝統的な日本特有の部屋。床はイグサで作られた畳を敷き詰め、空間は、紙と木で作られた障子で仕切られている。靴、上履きのような履物は脱いで入る。

日本特有的传统房间。地板由用灯心草制成的榻榻米铺成，房间用纸和木头作成的拉窗隔开，要脱掉鞋子、拖鞋等才能进入。

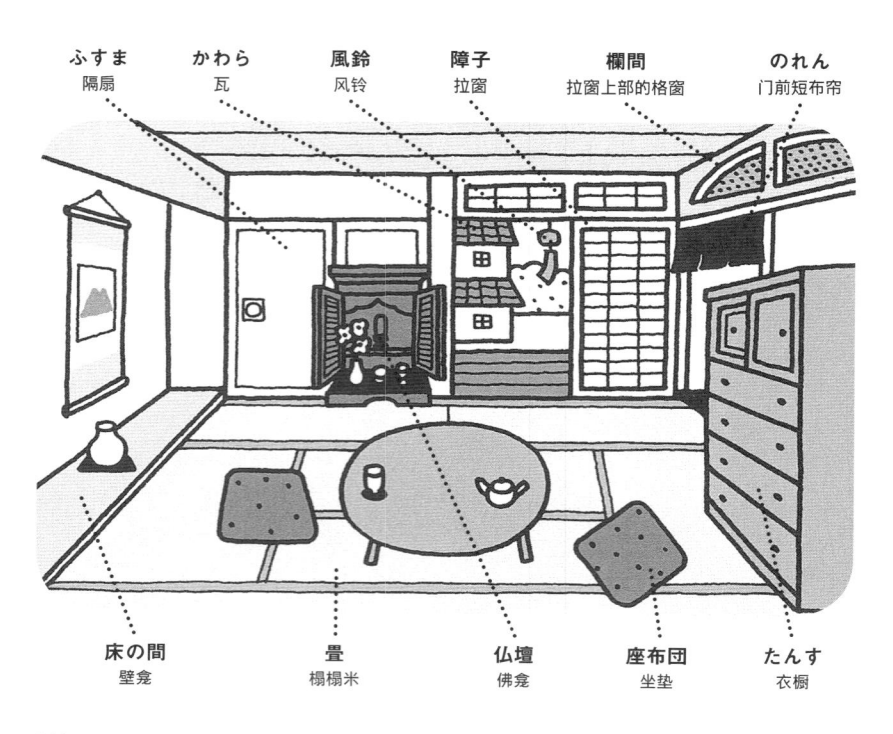

中国にも○○はありますか？
中国也有○○吗？
チョン グオ イエ ヨウ ○○ マ
Do you also have ○○ in China ?

ふすま	隔扇
かわら	瓦
風鈴	风铃
障子	拉窗
欄間	拉窗上部的格窗
のれん	门前短布帘
床の間	壁龛
畳	榻榻米
仏壇	佛龛
座布団	坐垫
たんす	衣橱

娯楽
娱乐活动

私の国を紹介します。
介绍我的国家

[プリクラ] 粘贴照照相机
設置された画面を操作しながら写真を撮り、数十秒でシールにできる機械。特に女子学生に人気。

一边设定像片画面一边拍照，只用数十秒就能制成粘贴照的照相机。大受女学生的欢迎。

[カラオケ] 卡拉OK
街のいたるところにカラオケ店があり、老若男女に楽しまれている。

街上到处都是卡拉OK店，男女老少都喜欢。

[パチンコ] 弹子房
パチンコは、大人向けの娯楽の代表である。遊ぶことができるのは18歳から。機種ごとにルールは異なる。玉がたくさんたまったら景品に交換できる。

成年人为对象的娱乐，年满18岁才可以参与。根据机种不同而游戏规则也不同。当弹子积攒到一定数量时就可以换领奖品。

[ゲームセンター] 游戏房
様々なゲーム機器が揃っている遊技施設。子供だけではなく、学生やサラリーマンが楽しむ姿も多くみられる。

备有各种各样的游戏机的游乐场所。不仅是小孩、学生，而且还有工薪族也乐此不疲。

[麻雀] 麻将牌
1920年代に中国から伝わったゲーム。最初に13個の牌を持ち、トランプのように引いては捨て、を繰り返し、決まった組み合わせを考える。

20世纪20年代由中国传到日本。开始时抓13张牌，然后象打扑克牌一样，不断抓牌、出牌，直到凑成固定的组合。

[マンガ喫茶] 漫画咖啡馆
一定の料金を支払えば、ドリンクや軽食と共にマンガや雑誌を閲覧できる店。インターネットや仮眠施設を備えているところも多い。

只要支付一定的费用，就可以在那里边喝饮料吃小吃，边阅览漫画和杂志的咖啡馆。提供上网服务、可打磕睡的店也很多。

[競馬・競輪・競艇]
赛马／赛自行车／赛艇
日本で法的に認められているギャンブル。競馬は国内に点在する競馬場や場外発売所で馬券を購入できる。 

这些是日本法律认可的赌博。赛马可在日本国内许多赛马场或场外售票处购买马票。

[温泉] 温泉
世界有数の火山国である日本には温泉が数多くある。泉質によってさまざまな効能があるが、何よりゆったりリラックスできるので多くの人が休日を利用して温泉を訪れる。

在世界有数的火山国——日本有着众多的温泉。温泉的水质不同其疗效也不一样。但更重要的是能够轻轻愉快地度过时光，所以休息天去温泉的人很多。

column ～「中国流」マスターへの道～

中国の祭日

元日、メーデー、国慶節を除き、中国の祭日は毎年、カレンダーの日にちが変わります。これは中国の伝統的な行事が農暦(旧暦)に従っているからです。前年の12月初めに国務院から翌年の公休日が発表され、祭日には大型連休を組み、その振替として前後に休日出勤を設けます。一般の会社では日曜日に出勤し、平日に一斉休暇に入ったりしますので、アポイントのスケジュール、発注の際の納期などには十分注意しておく必要があります。

元旦（元旦　ユアン　ダン）

新暦1月1日から3日までの3連休。新年を祝う行事。日本は正月ですが、中国は逆に小正月といった雰囲気で、買物などでにぎわいます。

春節（春节　ちュン　チエ）

旧暦の大晦日から数えて7連休。農暦で元日を祝う中国の伝統的な行事です。大多数の都市出稼ぎ労働者（約2億人）は故郷に戻るため、春節前あたりから移動を開始します。春節初日だけでも470万人余りが列車を利用し、公共交通機関は大変な混雑となります。時期は毎年変わりますが、1月下旬から2月中旬あたりになります。

清明節（清明节　ちン　ミン　チエ）

二十四季節の4月5日までの3連休。春を迎えてお花見をする季節。古くからの習慣では祖先の墓参り、墓地の周りの草むしりをすることになっています。

メーデー（劳动节　ラオ　トン　チエ）

新暦5月1日から3日までの3連休。世界各地で催される労働者の祭典です。プロレタリアートを中心とする社会主義国家の中国では公休日となります。

端午節（端午节　トアン　ウー　チエ）

旧暦5月5日前後の3連休。3世紀の中国、楚の国王の側近であった屈原は人望のある政治家でしたが、失脚し失意のうちに川に身を投げました。それを知った民は魚が屈原の遺体を食べないよう、粽（ちまき）を川に投げたのが始まりと言われています。この日は、粽を作って食べる習慣になっています。

中秋節（中秋节　チョン　ちウ　チエ）

旧暦の8月15日前後の3連休。中秋の名月を鑑賞する日です。この頃には月餅（げっぺい）が店に並び、みんなで分けあって食べます。

国慶節（国庆节　グオ　ちン　チエ）

10月1日から7日までの7連休。中華人民共和国の建国記念日です。1949年10月1日に毛沢東主席は天安門の楼上で新中国成立の宣言を行いました。今でも天安門広場では、この時期にイルミネーションを灯し、10年の節目では、天安門広場で軍事パレードが催されます。

中国で会話を楽しむための基本情報が満載

知っておこう

中国まるわかり ───────────── P126
中国語が上達する基礎講座 ────────── P128
主な簡体字一覧（中国語普通話） ─────── P134
主な簡体字の・へ・ん・と・つ・く・り ──────────── P134
50音順ビジネス中国語単語帳（日本語→中国語） P140

中国まるわかり

中華人民共和国　　　　People's Republic of China

国のあらまし　中国　VS　日本

	中国	日本
面積	960万km²	37万7914.78km²
人口	約13億4576万人（香港・マカオを除く）（2008年）	約1億2728万8000人（2008年）
国歌	義勇軍行進曲	君が代
代表的な花	牡丹	桜
首都	北京（人口約2000万人、2008年）	東京（人口約1298万8800人、2008年）
公用語	中国語（普通話、漢語と呼ぶ）	日本語

中国は日本の約26倍の広さ

中国　旅のヒント

【時差】
中国と日本の間には1時間の時差があり、中国の方が日本より遅い。日本が午前8時のとき中国は午前7時。広大な中国だが国内で時差はない。中国西部のウイグル自治区では独自に北京時間から2時間遅らせたウルムチ時間を採用しているが、時刻表など公共の表示にはたいてい北京時間を用いている。

【通貨】
中国の通貨は人民元（人民幣・レンミンビー・RMBともいう）。単位は元（ユアン）、角（チアオ）、分（フェン）があり、口語ではそれぞれ块（こアイ）、毛（マオ）、分（フェン）でよばれている。「元」は紙幣では「圓」と印刷されているので注意。元も圓も同じ発音（ユアン）の同じ単位だ。両替の際にもらうレシートは、出国時に日本円などの外貨に再両替する際に必要なので必ず保管しておく。1元＝10角＝100分　1元＝約13円（2010年2月現在）

【電圧】
電圧　交流220ボルト/50ヘルツ。日本（100ボルト/50～60ヘルツ）とは違うので、海外対応以外の日本の電化製品は電圧器とアダプター（A、O、BF）が必要。

【チップ】
原則としてチップは必要ない。

【郵便】
手紙の郵送は郵便局のほか、ホテルのフロントでも扱っている。日本への郵送は、封書は20gまで5.5元、EMS（国際宅配便）は1kg155元。北京・上海なら3～4日、内陸部からは5～7日で届く。宛名は「航空」または「AIR MAIL」、「日本国」または「JAPAN」と書けば、あとは日本語で記入してよい。

温度比較

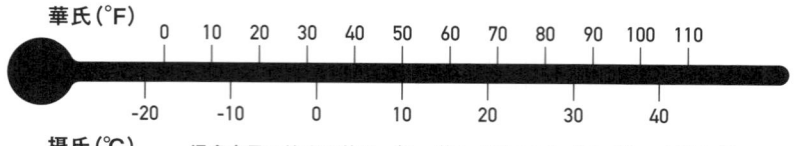

華氏（°F）　0　10　20　30　40　50　60　70　80　90　100　110

摂氏（℃）　-20　-10　0　10　20　30　40

温度表示の算出の仕方　℃＝（°F−32）÷1.8　°F＝（℃×1.8）＋32

度量衡

長さ

メートル法		中国市用制		日本旧制尺貫法			
メートル(米)	キロ(公里)	市里	市尺	海里	寸	尺	間
1	0.001	0.002	3	-	33.00	3.300	0.550
1000	1	2	3000	0.540	33000	3300	550.0
500	0.5	1	1500	0.27	16500	1650	275
0.33	-	0.00067	1	-	11	1.1	0.18425
0.030	-	-	0.09	-	1	0.100	0.017
0.303	0.0003	-	0.909	0.0002	10.00	1	0.167
1.818	0.002	-	5.454	0.0009	60.00	6.00	1

重さ

メートル法			中国市用制		日本旧制尺貫法		
グラム(克)	キログラム(公斤)	トン(吨)	市斤(斤)	市两(两)	匁	貫	斤
1	0.001	-	0.002	0.02	0.267	0.0003	0.002
1000	1	0.001	2	20	266.667	0.267	1.667
-	1000	1	2000	20000	266667	266.667	1666.67
500	0.5	0.0005	1	10	133.3	0.133	0.8335
50	0.05	-	0.1	1	13.3	0.013	0.0833
3.750	0.004	-	0.0075	0.075	1	0.001	0.006
3750	3.750	0.004	7.5	75	1000	1	6.250
600.0	0.600	0.0006	1.2	12	160.0	0.160	1

面積

メートル法		中国市用制		日本旧制尺貫法		
アール	平方キロメートル	市顷	市亩	坪	反	町
1	0.0001	0.15	15	30.250	0.100	0.010
10000	1	1500	150000	302500	1008.3	100.83
666.7	0.66667	1	100	20166	6722	6.722
6.667	-	0.01	1	201.66	0.6722	0.06722
0.033	-	-	0.005	1	0.003	0.0003
9.917	0.00099	0.0149	1.49	300	1	0.100
99.174	0.0099	0.149	14.9	3000	10	1

体積

メートル法			中国市用制	日本旧制尺貫法		
立方センチ	リットル公升	立方メートル	市升	合/升/斗		
1	0.001	0.000001	0.001	0.006	0.0006	0.00006
1000	1	0.001	1	5.543	0.554	0.055
-	1000	1	1000	5543.5	554.35	55.435
1000	1	0.001	1	5.543	0.554	0.0554
180.39	0.180	0.00018	0.180	1	0.100	0.010
1803.9	1.804	0.0018	1.804	10.00	1	0.100
18039	18.04	0.018	18.04	100.00	10.00	1

●市用制はメートル法をもとに1928年に制定されたもので、香港、台湾でもよく使用されている。

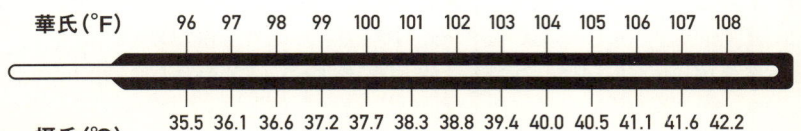

華氏(°F)	96	97	98	99	100	101	102	103	104	105	106	107	108
摂氏(℃)	35.5	36.1	36.6	37.2	37.7	38.3	38.8	39.4	40.0	40.5	41.1	41.6	42.2

中国語が上達する基礎講座

講座1　標準語と方言

一言で中国語といっても大きく分けて5つの分類に分けることができます。
- **北京語**（北京话）……河北のほか、四川省、雲南省に広く分布。
- **蘇州語**（苏州话）……長江一帯の上海、江蘇省、浙江省に分布。
- **福建語**（福建话）……台湾、福建省などの海岸沿いに分布。
- **広東語**（广东话）……香港、広東省、江西省の南部に分布。
- **客家語**（客家语）……広東省の東北、福建省の西に分布。

この中で最初の北京語が、普通話と呼ばれる中国語の標準語となっています。私たちが学習する中国語も基本は北京語ですが、標準語は若干の違いがあります。標準語以外は方言ということになりますが、中国の方言は英語とフランス語ほどの違いがあり、ほとんど外国語といってもいいほどです。ですが標準語である北京語を勉強しておけば、大体、どこへ行っても意思の疎通を図ることができます。

講座2　簡体字と繁体字

中国語も日本語も、同じ漢字を使っているのに、見てもわからない文字が時々あります。複雑な漢字を簡略化した「簡体字」という書体です。これは略字ではなく、れっきとした中国語の正式な字体なのです。歳を「岁」、華を「华」、団を「团」などと書きます。中国政府によりこれらの書体が定められ、新聞、雑誌、図書のすべてでこの字体を使うことが義務付けられてから50年以上がたちました。これに対して台湾や香港で使われている漢字は、「繁体字」という簡略化しない書体です。簡体字と繁体字でも、同じ漢字が使われる場合もありますが、微妙に意味が違っていたりします。また、地方によっては漢字の組み合せが変っており、同じ意味で単語が別々になっている場合もあります。たとえば、ホテルは北京語では「飯店」と書きますが、広東語では「酒店」と書かれるケースがあります。さらに発音はまったく異なり、その地方独特の音があります。同じ漢字を使っているのに「英語とフランス語」ほども違うのは、そのためなのです。

講座3　簡体字の8パターン

一見、難しく思われがちな簡体字ですが、その成り立ちには一定のパターンがあり、8種類のみです。またたくさんある漢字のすべてが簡略化されたわけではなく、特に画数の多い文字から517文字が選ばれただけです。本書のP134から主な簡体字の一覧表を掲載していますので参考にしてください。

東→东（トン）	草書を元に作った	話→话（ホア）	へんやつくりを変えた
電→电（ティエン）	音をあらわす部分を残した	務→务（ウー）	意味を表す部分を残した
機→几（チー）	同音の別の漢字をあてた	掃→扫（サオ）	部分的に省略した
辯→办（バン）	部分的に置き換えた	筆→笔（ピー）	意味を表す部分を新たに作った

講座 4　中国語の発音－ピンイン

中国語の発音はピンインと呼ばれる発音記号で表記されます。ピンインはローマ字にアクセントを示す四声を加えて表示されています。本書ではカタカナで表示しましたが、ピンインがそのまま現地の英語表記などに使えることもありますので、覚えておきましょう。

■短母音
日本語は5つだけですが、中国語には6つあります。

a（ア）日本語より口を大きく開ける	o（オ）舌を奥へ引っ込め、唇を丸くする
e（エ）「エ」の口の形で「オ」と発音する	i（イ）日本語より唇を左右に開いて「イ」
u（ウ）唇をつぼめて前に出し舌は奥に引込める	ü（ユイ）唇は「ユ」の形で「イ」を発音

本書ではカタカナで発音を表記してありますが、そのまま日本語読みして中国語に近く聞こえるよう工夫してあります。

■子音
子音は全部で21あります。唇・舌・歯の使い分けによって、「唇音」「舌尖音」「絶歯音」「舌根音」「舌面音」「そり舌音」があります。

唇音	b（博 bó ポー）	p（破 pò ぽー）	m（末 mò モー）	f（佛 fó フォー）
舌尖音	d（徳 dé トー）	t（特 tè とー）	n（拿 ná ナー）	l（拉 lā ラー）
絶歯音	z（自 zì ツー）	c（次 cì つー）	s（四 sì スー）	
舌根音	g（哥 gē コー）	k（客 kè こー）	h（喝 hē ホー）	
舌面音	j（急 jí チー）	q（七 qī ちー）	x（西 xī シー）	
そり舌音	zh（志 zhì チー）	ch（吃 chī ちー）	sh（十 shí シー）	r（日 rì リー）

※かっこの中は漢字の一例です。

講座 5　有気音と無気音

中国語は「東洋のフランス語」といわれるほど、発音の美しい言語です。その秘密は、だく音がないことだといわれています。あっても半だく音程度です。中国語にも有気音と無気音がありますが、その違いは吐く息の強弱です。発音記号のピンインではアルファベットを変えて表記されおり、次の種類があります。

p（pa ぱ）	日本語のパの音に近い	t（ta た）	強い息を吐く日本語のタ行の音
k（ka か）	強く息を吐く日本語のカ行の音	q（qi ち）	強い息を出したチの音
ch（chi ち）	舌をそりあげて上あごに触れ、強い息を吐くようにチの音を出す	c（ci つ）	舌を前歯の裏に押し付け、強い息を吐くようにツの音を出す

本書では上記のように有気音を「ぱ」「た」「か」「ち」などのようにひらがなで、無気音を「パ」「タ」「カ」「チ」のようにカタカナで表記してあります。有気音をつくるポイントは、口元で炸裂するような息をだしてから、音を出すといった具合です。練習するときは、紙きれを口元にあてて発声し、紙がはじけるほどにします。ひらがなのルビのところでは、意識して、有気音をつくって下さい。

講座6　アクセント（四声）

中国語は同音の漢字が非常にたくさんあります。例えば「マー（ma）」の音だけでも、「妈」(マー　母)「麻」(マー　麻)「马」(マー　馬)「骂」(マー　罵る) などがあり、アクセントによって意味が変わってきます。このアクセントは4種類あり、これを四声といいます。この四声によって意味を特定する働きがあります。日本語で例えば「雨」「飴」、「橋」「箸」などです。中国語にはほぼすべての漢字にアクセントがあるので、しっかり発音してください。

■四声
第1声（ˉ）高くて平らな尾を引く音。調子は変わりません
第2声（ˊ）低い音から始まり、強く押し上げるように発音します
第3声（ˇ）やや低いところからいったん下がり、再び上昇する音
第4声（ˋ）高いところから発声し、力を抜くように尻下がりの調子の音

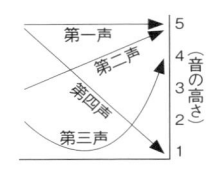

このほかに5番目のアクセントとして軽声があります。これは語末の文字で、前の文字に続いて軽く発音するもので、マーなどと伸ばさず、「〜マ」と添えるように発音します。本書のでは軽声の語には ◦ を付してあります。

講座7　中国語の基本文型

中国語は表意文字の特徴を持っていますので、1字だけ、2字だけでも立派に会話として通じるものがたくさんあります（→P6〜7）。中国語の文法は語順による文法的な役割だけが決まっていて、冠詞や人称代名詞、動詞の変化もありません。英語と同じような文型を持っていますが、副詞と疑問文（→P131）は日本語と同じ使い方をします。この使い分けが文法を理解するうえでのポイントになります。

■主語＋述語（動詞）
一般の会話ではほぼ必ず、主語がつきます。
ヴォ　カン
我　看
私は見る　I watch.

■主語＋述語＋補語
英語と同じように主語の後にbe動詞にあたる「是 shi」が続きます。
ター　シー　リー　ベン　レン
她　是　日　本　人
彼女は日本人です　Shi is a Japanese.

■主語＋述語（動詞）＋目的語
英語と同じ文型です。目的語には名詞や代名詞、もうひとつの構文をおくことがあります。
ター　シュオ　チョン　グオ　ホア
他　说　中　国　话
彼は中国語を話します　He speaks Chinese.

■主語＋述語（動詞）＋間接目的語＋直接目的語

こちらも英語と同じ文型です。センテンスが長くなるときは、主語と述語の間に軽く息をついて話しましょう。

我 给 你 这 个
_{ウォ ゲイ ニー チョー コ}

私はあなたにこれをあげます　I give you this things.

講座 8 　さまざまな表現法

■疑問文

文末に「吗 マ」をつけると「～か？」という疑問文になります。「是不是 シー ブー シー」を文中に挟むと「～か？違いますか？」というニュアンスの疑問文になります。また普通の文章に疑問詞の「哪里 ナー リー（どこ）」「谁 シェイ（だれ）」「什么 シェン モ（なに）」などを付けて疑問文を作ることができます。

你 是 日 本 人 吗？
_{ニー シー リー ベン レン マ}

あなたは日本人ですか？

你 是 不 是 日 本 人？
_{ニー シー ブー シー リー ベン レン}

あなたは日本人ですか？（日本人ではないですか？）

你 是 哪 里 人？
_{ニー シー ナー リー レン}

あなたはどこの人ですか？

■否定

否定文を作るには、形容詞、動詞の前に「不 ブー」（現在の否定を表す）、「没」（過去の否定を表す）を付けます。

我 不 去
_{ウォ ブー チュイ}

私は行きません

我 没 去
_{ウォ メイ チュイ}

私は行きませんでした

■命令

ぶしつけな感じになりますが、ひと言で命令することができます。念押しする意味で「吧 ば」を文末につけることもあります。

去
_{チュイ!}

行け！

你 去 吧！
_{ニー チュイ ば!}

あなたが行くんですよ！

■禁止

動詞の前に「别 ビエ」「不要 ブー ヤオ」「不用 ブー ヨン」をつけて禁止を表します。文頭に「你 ニー」をつけて、相手に対して禁止を訴えることもできます。

ビエ チュイ
别 去
行くな

ニー ブー ヤオ チュイ
你 不 要 去
あなたは行く必要はありません

ニー ブー ヨン チュイ
你 不 用 去
あなたが行くまでのことではない

■要求

英語のpleaseにあたるの「请 チン」を文頭におきます。省略することもあります。

チン ゲイ ウォ シュー
请 给 我 书
どうぞ私に本をください

ゲイ ウォ シュー
给 我 书
私に本をください

ゲイ ウォ
给 我
私にください

■可能

可能を表す副詞は動詞の前に置きます。一般的に「能 ノン」は能力を、「会 ホイ」は練習や学習によってできるようになる可能を、「可以 ごー イー」は「～してもよい」という許可の可能を表します。

ウォ ノン がイ チョー
我 能 开 车
私は車を運転できます

ウォ ホイ シュオ イン ウエン
我 会 说 英 文
私は英語を話すことができます

ニー ごー イー かン ティエン イン
你 可 以 看 电 影
(あなたは) 映画を見てもいいですよ

■比較

比較の対象の前に「比 ビー」を置き、その後に形容詞を続けます。

ニー ビー ウォ ガオ
你 比 我 高
あなたは私よりも背が高い

比較するものに差がなく同等なときは「跟 ケン」を使います。

ウォ ケン ニー イー ヤン
我 跟 你 一 样
私とあなたは同じです。

■願望

願望を示す言葉には「要 ヤオ」「愿意 ユアン イー」「打算 ダー スアン」があります。助動詞として動詞の前において表現します。

我 要 买 书
ウォ ヤオ マイ シュー
私は本を買いたい

我 愿 意 买 书
ウォ ユアン イー マイ シュー
私は本を買いたい

我 打 算 买 书
ウォ ダー スアン マイ シュー
私は本を買うつもりです

■時制

中国語には基本的に、現在・過去・未来に合わせて表現する動詞の変化などはありません。昔や将来を示す言葉をつけて会話することで、時制の変化を表します。「正在（チョン ツァイ）」+動詞で現在進行形を、動詞+「了（ラ）」で過去を、「要（ヤオ）」+動詞で未来形を現します。

我 参 观 博 物 馆
ウォ ツァン コアン ボー ウー コアン
私は博物館を見学します（現在）

我 正 在 参 观 博 物 馆
ウォ チョン ツァイ ツァン コアン ボー ウー コアン
私は今、博物館を見学しています（現在進行）

我 参 观 了 博 物 馆
ウォ ツァン コアン ラ ボー ウー コアン
私は博物館を見学しました（過去）

我 要 参 观 博 物 馆
ウォ ヤオ ツァン コアン ボー ウー コアン
私は博物館を見学するところです（未来）

■受身と使役

受身、使役ともに「让 ラン+人+動詞」の文章ですが、受身か使役かは文脈で判断します。

我 让 他 骂 了
ウォ ラン ダー マー ラ
私は彼にしかられた

我 让 你 等 了
ウォ ラン ニー ドン ラ
（あなたを）お待たせしました

中国語普通話

主な簡体字一覧表

　中国語で使われる漢字は簡体字という字体で、日本語や広東語で使われる漢字と異なります（→ P128）。日本語の漢字との違いにはいくつかのパターンがあります。そのパターンを理解すれば、初めて見る文字でも次第に意味がわかるようになります。より多くの簡体字と接することにより、中国語の理解度も高まり、中国語の文字をマスターできるようになるでしょう。

　同じ漢字の文化を持つ日本人にとっては、「習うより慣れる」ことが重要です。ここでは中国語でよく使われる簡体字と、対応する日本語の漢字を一覧表にまとめました。読み方の確認ができるよう、それぞれの文字によみと中国語発音記号のピンインを付けましたので、活用してください。

主な簡体字のへんとつくり

●右の（　）内は対応する日本語の漢字。日本語と同じ字体は省略。

讠	2画（言）	龙	5画（龍）
饣	3画（食）	业	5画（業）
门	3画（門）	钅	5画（金）
马	3画（馬）	鸟	5画（烏）
纟	3画（糸）	页	6画（頁）
韦	4画（韋）	身	7画（身）
车	4画（車）	角	7画（角）
贝	4画（貝）	齿	8画（歯）
见	4画（見）	鱼	8画（魚）
风	4画（風）		

簡体字	読み	ピンイン	日本漢字

2画

厂	ちゃん	chǎng	廠
儿	アル	ér	児
几	チー	jī jǐ	幾
了	ラ リアオ	le liǎo	瞭

3画

与	ユィ	yǔ yù yú	与
于	ユィ	yú	於
干	カン	gān	乾
干	カン	gàn	幹
个	コー	gè ge gě	個
么	モー	me	麼
广	コアン	guǎng	広
门	メン	mén	門
义	イー	yì	義
飞	フェイ	fēi	飛
习	シー	xí	習
马	マー	mǎ	馬
乡	シアン	xiāng	郷

4画

丰	フォン	fēng	豊
开	カイ	kāi	開
无	ウー	wú	無
专	チョアン	zhuān	専
云	ユン	yún	雲
艺	イー	yì	芸
厅	ティン	tīng	庁
历	リー	lì	歴
历	リー	lì	暦
车	チョー	chē	車
冈	カン	gāng	岡
见	チエン	jiàn	見
气	チー	qì	気
长	チャン チャン	cháng zhǎng	長
什	シエン シー	shén shí	甚
仆	ぷー	pū pú	僕
币	ビー	bì	幣
从	つォン	cōng cóng	従
风	フォン	fēng	風
仓	つァン	cāng	倉
仅	チン	jǐn jìn	僅
为	ウェイ	wéi wèi	為
斗	トウ	dōu dòu	闘
订	ティン	dìng	訂
计	チー	jì	計
认	レン	rèn	認
办	バン	bàn	弁
劝	ちュアン	quàn	勧
书	シュー	shū	書

5画

鸟	ティアオ ニアオ	diǎo niǎo	鳥
击	チー	jī	撃
节	チエ	jié	節
术	シュー	shù	術
龙	ロン	lóng	龍
东	トォン	dōng	東
业	イエ	yè	業
归	コイ	guī	帰
刍	ちュー	chú	芻
叶	イエ	yè	葉
电	ティエン	diàn	電
乐	ラ ユエ	lè yuè	楽
处	ちュー	chù	処
务	ウー	wù	務
头	とウ	tóu	頭
汉	ハン	hàn	漢
讨	たオ	tǎo	討
写	シエ	xiě xiè	写

簡体字	読み	ピンイン	日本漢字
让	ラン	ràng	讓
训	シュン	xùn	訓
议	イー	yì	議
记	チー	jì	記
队	トイ	duì	隊
辽	リアオ	liáo	遼
边	ビエン	biān bian	辺
发	ファー	fā	発
发	ファー	fà	髪
圣	ション	shèng	聖
对	トイ	duì	対
丝	スー	sī	絲

6画

簡体字	読み	ピンイン	日本漢字
动	トォン	dòng	動
执	チー	zhí	執
扫	サオ	sǎo sào	掃
场	ちゃン	cháng chǎng	場
亚	ヤー	yà	亜
机	チー	jī	機
权	ちュアン	quán	権
过	クオ	guō guò	過
协	シエ	xié	協
压	ヤー	yā yà	圧
厌	イエン	yàn	厭
夸	こア	kuā	誇
夺	トゥオ	duó	奪
达	ター	dá	達
师	シー	shī	師
团	とアン	tuán	団
岁	ソイ	suì	歳
刘	リウ	liú	劉
则	ツォー	zé	則
刚	カン	gāng	剛
网	ワン	wǎng	網
伟	ウェイ	wěi	偉
传	ちョアン ちョアン	chuán zhuàn	伝
优	ユー	yōu	優
伤	シャン	shāng	傷
价	チア	jià	価
毕	ビー	bì	卒
华	ホア	huá	華
伪	ウェイ	wěi	偽
后	ホウ	hòu	後
杀	シャ	shā	殺
众	チョン	zhòng	衆
伞	サン	sǎn	傘
创	ちョアン	chuāng chuàng	創
杂	ツァー	zá	雑
负	フー	fù	負
冲	ちョン	chōng chòng	衝
庄	チョアン	zhuāng	荘
庆	ちン	qìng	慶
产	ちゃン	chǎn	産
闭	ビー	bì	閉
问	ウェン	wèn	問
关	コアン	guān	関
灯	トン	dēng	燈
汤	シャン たン	shāng tāng	湯
兴	シン	xīng xing	興
军	チュン	jūn	軍
讲	チアン	jiǎng	講
许	シュイ	xǔ	許
论	ルン	lún lùn	論
设	ショー	shè	設
访	ファン	fǎng	訪
农	ノン	nóng	農
寻	シン シュン	xin xún	尋
导	タオ	dǎo	導
孙	ソン	sūn	孫
妇	フー	fù	婦
观	コアン	guān guàn	観
欢	ホアン	huān	歓
买	マイ	mǎi	買
红	コン ホン	gōng hóng	紅

简	カナ	ピンイン	繁
约	ヤオ / ユエ	yāo / yuē	約
纪	チー	jì jǐ	紀
驯	シュン	xún xùn	馴
阳	ヤン	yáng	陽
阶	チエ	jiē	階
阴	イン	yīn	陰

7画

简	カナ	ピンイン	繁
丽	リー	lì	麗
进	チン	jìn	進
远	ユアン	yuǎn	遠
违	ウェイ	wéi	違
运	ユン	yùn	運
坏	ホアイ	huài	壞
护	フー	hù	護
报	バオ	bào	報
严	イエン	yán	嚴
劳	ラオ	láo	勞
极	チー	jí	極
两	リアン	liǎng	兩
还	ハイ / ホアン	hái / huán	還
连	リエン	lián	連
坚	チエン	jiān	堅
时	シー	shí	時
县	シエン	xiàn	縣
里	リー	lǐ	裏
园	ユアン	yuán	園
围	ウェイ	wéi	圍
员	ユアン	yuán	員
听	ティン	tīng	聽
财	ツァイ	cái	財
帐	チャン	zhàng	帳
岗	カン	gǎng gāng gàng	崗
岚	ラン	lán	嵐
针	チェン	zhēn	針
钉	ティン	dīng	釘
谷	クー	gǔ	穀
岛	タオ	dǎo	島
饭	ファン	fàn	飯
系	シー	xì	係
系	チー	jì	繫
库	クー	kù	庫
疗	リアオ	liáo	療
应	イン	yīng yìng	應
间	チエン	jiān jiàn	間
沟	コウ	gōu	溝
沈	シェン	shěn	瀋
忧	ユー	yōu	憂
证	チョン	zhèng	證
评	ピン	píng	評
识	シー / チー	shí / zhì	識
诉	スー	sù	訴
诊	チェン	zhěn	診
词	ツー	cí	詞
译	イー	yì	訳
启	チー	qǐ	啟
补	ブー	bǔ	補
灵	リン	líng	靈
迟	チー	chí	遲
张	チャン	zhāng	張
鸡	チー	jī	鷄
驱	チュイ	qū	驅
纳	ナー	nà	納
纷	フェン	fēn	紛
纸	チー	zhǐ	紙
际	チー	jì	際
陆	ルー	lù	陸
邮	ユー	yōu	郵

8画

简	カナ	ピンイン	繁
责	ツォー	zé	責
环	ホアン	huán	環
现	シエン	xiàn	現
规	コイ	guī	規
顶	ティン	dǐng	頂
势	シー	shì	勢
范	ファン	fàn	範

簡体字	読み	ピンイン	日本漢字
茎	チン	jīng	茎
构	コウ	gòu	構
丧	サン	sāng sàng	喪
画	ホア	huà	画
卖	マイ	mài	売
郁	ユィ	yù	鬱
奋	フェン	fèn	奮
态	たイ	tài	態
顷	ちン	qǐng	頃
轮	ルン	lún	輪
软	ロアン	ruǎn	軟
齿	ちー	chǐ	歯
肾	シェン	shèn	腎
贤	シエン	xián	賢
鸣	ミン	míng	鳴
败	バイ	bài	敗
贩	ファン	fàn	販
购	コウ	gòu	購
货	フオ	huò	貨
贫	ピン	pín	貧
图	とゥー	tú	図
制	チー	zhì	製
侧	つォー	cè	側
质	チー	zhì	質
征	チョン	zhēng	徴
径	チン	jìng	径
舍	ショー	shě	捨
胁	シエ	xié	脇
鱼	ユィ	yú	魚
备	ペイ	bèi	備
饰	シー	shì	飾
变	ピエン	biàn	変
庙	ミアオ	miào	廟
单	タン	dān	単
审	シェン	shěn	審
实	シー	shí	実
试	シー	shì	試
诗	シー	shī	詩
诚	チョン	chéng	誠
话	ホア	huà	話
该	カイ	gāi	該
详	シアン	xiáng	詳
录	ルー	lù	録
细	シー	xì	細
组	ツー	zǔ	組
终	チョン	zhōng	終
经	チン	jīng	経
贯	コアン	guàn	貫

9画

项	シアン	xiàng	項
带	タイ	dài	帯
荣	ロン	róng	栄
药	ヤオ	yào	薬
标	ビアオ	biāo	標
面	ミエン	miàn	麺
残	つァン	cán	残
轻	ちン	qīng	軽
战	チャン	zhàn	戦
临	リン	lín	臨
览	ラン	lǎn	覧
贵	コイ	guì	貴
罚	ファー	fá	罰
贴	ティエ	tiē	貼
钝	トゥン	dùn	鈍
钢	カン	gāng gàng	鋼
选	シュアン	xuǎn	選
适	シー	shì	適
种	チョン チョン	chóng zhǒng	種
复	フー	fù	復 複
贷	タイ	dài	貸
顺	シュン	shùn	順
胜	ション	shēng shèng	勝
狭	シア	xiá	狭
贸	マオ	mào	貿
饵	アル	ěr	餌
将	チアン	jiāng jiàng	将
亲	ちン	qīn qìng	親

簡体	カナ	ピンイン	繁体
闻	ウェン	wén	聞
类	レイ	lèi	類
总	ツォン	zǒng	総
测	ツォー	cè	測
恼	ナオ	nǎo	悩
觉	チアオ / チュエ	jiào / jué	覚
尝	ちゃン	cháng	嘗
语	ユイ	yǔ yù	語
误	ウー	wù	誤
说	シュオ / ショイ / ユエ	shuō / shuì / yuè	説
费	フェイ	fèi	費
结	チエ	jiē jié	結
统	とォン	tǒng	統
绝	チュエ	jué	絶

10画

盐	イエン	yán	塩
损	スン	sǔn	損
热	レー	rè	熱
获	フォ	huò	獲
恶	エー	ě è	悪
桥	ちアオ	qiáo	橋
样	ヤン	yàng	様
紧	チン	jǐn	緊
晓	シアオ	xiǎo	暁
圆	ユアン	yuán	円
铁	てィエ	tiě	鉄
积	チー	jī	積
笔	ビー	bǐ	筆
债	チャイ	zhài	債
赁	リン	lìn	賃
资	ツー	zī	資
爱	アイ	ài	愛
准	チュン	zhǔn	準
竞	チン	jìng	競
烧	シャオ	shāo	焼
宾	ビン	bīn	賓

请	ちン	qǐng	請
诸	チュー	zhū	諸
读	トゥー	dú	読
课	こー	kè	課
谁	シェイ / ショイ	shéi / shuí	誰
调	ティアオ / てィアオ	diào / tiáo	調
谅	リアン	liàng	諒
谈	たン	tán	談
剧	チュイ	jù	劇
难	ナン	nán nàn	難
验	イエン	yàn	験
脑	ナオ	nǎo	脳
离	リー	lí	離
罢	バー	bà ba	罷

11画

铜	とォン	tóng	銅
铭	ミン	míng	銘
银	イン	yín	銀
惊	チン	jīng	驚
谚	イエン	yàn	諺
谜	ミー / メイ	mí / mèi	謎
弹	タン / たン	dàn / tán	弾
续	シュイ	xù	続
绳	ション	shéng	縄
绵	ミエン	mián	綿
绿	リュイ	lǜ	緑

12画

辈	ベイ	bèi	輩
辉	ホイ	huī	輝
遗	イー	yí	遺
谢	シエ	xiè	謝
骚	サオ	sāo	騒

50音順ビジネス中国語単語帳

日本語 ➡ 中国語

あ

日本語	中国語
アシスタント	助手 チュー ショウ
アップル	苹果 ピン グオ
アドレス帳	电子地址簿 ティエン ツー ティー チー ブー
RV	休闲车 ジウ シェン チョー
アルバイト	打工 ダー ゴン
一眼レフ	单反机 ダン ファン ヂー
遺伝子組み換え	转基因 チュアン ヂー イン
インフレ	通货膨胀 トン フオ ポン チャン
打ち上げ会	庆祝会 チン チュー ホイ
宇宙	宇宙 ユィ チョウ
宇宙ステーション	空间站 コン チェン チャン
宇宙飛行士	宇宙飞行员 ユィ チョウ フェイ シン ユァン
売上高	销售额 シャオ ショウ エー
営業利益	营业利润 イン イエ リー ルン
液晶テレビ	液晶电视 イエ チン テェン シー
エコカー	环保汽车 ホアン バオ チー チョー
エコロジー・サービス	绿色服务 リュイ ソー ブー ウー
エンジン	发动机 ファー トン ヂー
OL	白领丽人（女职员）バイ リン リー レン（ニュイ チー ユァン）

か（前半）

日本語	中国語
オートバイ	摩托车 モー トゥオ チョー
オートマチック	自动变速 ツー トン ビェン スー
卸売	批发 ピー ファー
温泉	温泉 ウエン チュアン
温暖化	地球温暖化 ティー チウ ウエン ヌァン ホア

か

日本語	中国語
外国車	外国车 ワイ グオ チョー
外資企業	外企 ワイ チー
会社員	公司职员 ゴン スー チー ユァン
海上運賃	海运费 ハイ ユン フェイ
海上保険	海上保险 ハイ シャン バオ シェン
外食	餐饮 ツァン イン
海賊版	盗版 ダオ バン
開発区	开发区 カイ ファー チュイ
価格	价格 チア ゴー
化学	化学 ホア シュエ
核家族	小家庭 シャオ チア テン
学歴社会	学历社会 シュエ リー ショー ホイ
画素	像素 シァン スー
家族手当	家属补贴 チア シュー ブー テェ
ガソリン	汽油 チー ヨウ
ガソリンスタンド	加油站 チア ユー チャン
カタログ	样本 ヤン ベン
かばん	公文包 ゴン ウェン バオ
株	股票 グー ピァオ
株式市場	股市 グー シー
株式分割	拆股 チャイ グー
株主優待制度	股东优惠制度 グー トン ユー ホイ チー トゥ
カラー映像	彩色图像 ツァイ ソー トゥー シァン
革靴	皮鞋 ピー シエ
環境ホルモン	环境荷尔蒙 ホアン チン ホー アル モン
歓迎会	欢迎会 ホァン イン ホイ
議員	议员 イー ユァン
基地	基地 ヂー ティ
偽物商品	假冒品 チア マオ ピン
キャノン	佳能 チア ノン
給料	工资 ゴン ズー
供給	共给 ゴン チー
共産主義	共产主义 ゴン チャン チュー イー
京セラ	京瓷 チン ツー

漁業	渔业 ユイ イエ	国際スピード郵便	国际快递 グオ ヂー こアイ ディ	地震	地震 ティー チエン
銀行	银行 イン バン	国際通信	国际通信 グオ ヂー とオン シン	自然食品	绿色食品 リュイ ソォー ジー ピン
銀聯	银联(聯) イン リエン	国産車	国产车 グオ ちャン ちョー	下請会社	加工企业 ヂア コオン ちー イエ
クールビズ	凉爽计划 リアン ショアン ヂー ホア	国民所得	国民收入 グオ ミン ショウ ルー	支払い	支付 ヂー フー
車	汽车 ちー ちョー	国務院	国务院 グオ ウー ユアン	資本金	资本金 ヅー ベン ヂン
クレーム	不满 ブー マン	コスト	成本 ちョン ベン	資本主義	资本主义 ヅー ベン チュー イー
グローバル化	全球化 ちュアン ちウ ホア	国会	国会 グオ ホイ	事務員	事务员 シー ウー ユアン
景気	景气 ヂン ちー	国家主席	国家主席 グオ ヂア チュー シー	社会主義	社会主义 ショー ホイ チュー イー
経済	经济 ヂン ヂー	国境	国境 グオ ヂン	住宅ローン	房贷 ファン ダイ
携帯電話	手机 ショウ ヂー	ごみ問題	垃圾问题 ラー ヂー ウエン ティー	充電器	充电器 ちョン ティエン ヂー
契約する	合同 ホー とオン		さ	出産休暇	产假 ちャン ヂア
軽油	柴油 ちャイ ユー	サービス	服务 ブー ウー	出張	出差 ちュー ちャイ
圏外	圈外 ちュアン ウイ	裁判官	法官 ファー コアン	首都	首都 ショウ トゥー
憲法	宪法 シエン ファー	裁判所	法院 ファー ユアン	需要	需求 シュイ ちウ
好況	繁荣 ファン ロン	サムスン	三星 ザン シン	省エネ	节能 ヂエ ノン
航空貨物運賃	空运费 こオン ユン フェイ	3LDK	三室一厅 ザン シー イー ティン	商社	贸易公司 マオ イー ゴン ズー
鉱山	矿山 こアン シャン	残業手当	加班费 ヂア バン フェイ	上場	上市 シャン シー
高速道路	高速公路 ガオ スー ゴン ルー	サンプル・見本	样品 ヤン ピン	上場企業	上市企业 シャン シー ヂー イエ
高度経済成長	高度经济增长 ガオ トゥー ヂン ヂー ツェン チャン	CEO	首席执行官 ショウ シー ヂー シン コアン	商談	洽谈 ちア だン
公務員	公务员 ゴン ウー ユアン	COO	业务总监 イエ ウー ツォン ヂエン	常駐	常驻 ちャン チュー
後輪駆動車	后轮驱动 ホウ ルン ちュイ トオン	試験	考试 がオ シー	省都	省会 ション ホイ
高齢化	老龄化 ラオ リン ホア	視察	考察 がオ ちャー	消費	消费 シアオ フェイ
顧客	顾客 グー こー	市場	市场 シー ちャン	職業訓練	职教 ヂー チアオ

知っておこう

141

資料	资料 ツー リアオ	多国籍企業	跨国公司 コア グオ ゴン スー	天文台	天文台 てィエン ウェン だィ
人工衛星	人造卫星 レン ツァオ ウェイ ジン	ダム	大坝 ダー バー	投資	投资 どウ ヅー
スーツ	西装 シー チョアン	単価	单价 ダン チア	東芝	东芝 トン チー
スズキ	铃木 リン ムー	地下鉄	地铁 ティー てィエ	共働き	双职工 ショアン チー ゴン
スペース・シャトル	航天飞机 ハン てィエン フェイ ヂー	地方自治体	地方政府 ティー ファン チョン ブー	トヨタ	丰田 フォン てィエン
請求書	账单 チョン ダン	チャイナ・モバイル	中国移动 チョン グオ イー ドン	取引	交易 チアオ イー
政治	政治 チョン チー	チャイナ・ユニコム	中国联通 チョン グオ リェン とォン	取引先	客户 コー フー
正社員	正式职工 チョン シー チー ゴン	中間決算	中期结算 チョン チー ヂエ スァン		**な**
生態系	生态系统 ション だィ シー とォン	駐在員	常驻人员 チャン チュー レン ユェン	内閣	内阁 ネィ ゴー
政党	政党 チョン ダン	通関料	通关费 とォン コアン フェィ	ニコン	尼康 ニー かン
セクハラ	性骚扰 ジン ザオ ラオ	通勤手当	交通补贴 チアオ とォン ブー てィエ	日産	日产 リー チャン
セダン	轿车 チアオ チョー	通訳	翻译 ファン イー	ネクタイ	领带 リン ダィ
接待する	接待 ヂエ ダィ	ディーエイチエル	DHL DHL	ネット社会	网络社会 ヴン ルオ ショー ホィ
選挙	选举 シュアン チュィ	デジタル一眼レフ	数码单反机 シュー マー ダン ファン チー	値引き	打折 ダー チョー
全国人民代表大会	全国人民代表大会 チュアン グオ レン ミン だィ ビャオ だー ホィ	デジタルカメラ	数码相机 シュー マー シアン チー	年金	养老金 ヤン ラオ ヂン
専門学校	专门学校 チョアン メン シュエ シアオ	デジタルビデオカメラ	数码摄像机 シュー マー ショー シアン チー	年次休暇	年度休假 ニェン トゥー ジウ ヂア
前輪駆動車	前轮驱动 チェン ルン チュィ トォン	手帳	手册 ショウ ツォー	年俸	年薪 ニェン ジン
送別会	欢送会 フアン ソン ホィ	鉄鋼	钢铁 カン てィエ	年末決算	年终结算 ニェン チョン ヂエ スァン
ソニー	索尼 スオ ニー	デフレ	通货紧缩 とォン フオ ヂン スオ	納期	交货期 チアオ フオ ヂー
	た	電気	电机 てィエン チー	納品	交货 チアオ フオ
大気汚染	大气污染 ダー チー ヴー ラン	電気自動車	电动汽车 てィエン トォン チー チョー	農薬	农药 ノン ヤオ
退職金	退职金 とゥィ チー ヂン	電子辞書	电子词典 てィエン ヅー ツー てィエン	ノキア	诺基亚 ヌオ チー ヤー
大臣	大臣 ダー チェン	電動自転車	电动自行车 てィエン トン ヅー ジン チョー		**は**

142

日本語	中国語		日本語	中国語		日本語	中国語
パート	钟点工 チョン ティエン ゴン		不良債権	坏账 ホアイ チャン		や	
ハイアール	海尔 ハイ アル		プレゼンテーション	演示 イェン シー		役職手当	职务补贴 チー ウー ブー テイェ
バイキング	自助餐 ツー チュー ツァン		ブロードバンド	宽带网 ニュアン ダイ ワン		有給休暇	带薪休假 ダイ シン ジウ チア
配当金	分红 フェン ホン		フロント・マネージャー	大堂经理 ダー タン チン リー		有人宇宙飛行	载人航天飞行 ツァイ レン ハン テイェン フェイ シン
ハイビジョンテレビ	高清晰电视 ガオ チン シー テイェン シー		包装	包装 バオ チョアン		有料道路	收费公路 ショウ フェイ ゴン ルー
ハイブリッド・カー	混合动力车 フン ホー トン リー チョー		法廷	法庭 ファー テイン		輸出	出口 チュー ゴウ
派遣社員	派遣员工 パイ チェン ユアン ゴン		ボーナス	奖金 チアン チン		油田	油田 ユー テイェン
バス	公交车 コォン チアオ チョー		牧畜業	畜牧业 シュイ ムー イェ		輸入	进口 ちン ごウ
発注	订购 テイン ゴウ		ボランティア	义工/志愿者 イー ゴン/チー ユアン チョー		予算	预算 ユィ スアン
発電所	发电站 ファー テイェン チャン		ホンダ	本田 ベン テイェン		四輪駆動車	四轮驱动 スー ルン チュイ トォン
パナソニック	松下 ソン シア		ま			ら	
バリアフリー	无障碍 ウー チャン アイ		マイクロソフト	微软 ウェイ ルアン		リサイクル	再利用 ツァイ リー ヨン
秘書	秘书 ミー シュー		マツダ	马自达 マー ツー ダー		リストラ	解雇 チェ グー
非常口	太平门 タイ ピン メン		マニュアルシフト	手动变速 ショウ トン ビェン スー		領収書	发票 ファー ピアオ
ファンド	基金 チー チン		三菱	三菱 サン リン		林業	林业 リン イェ
フィルム	胶卷 チアオ チュアン		見積書	报价单 バオ チア ダン		レノボ	联想 リェン シアン
フェデックス	联邦快递 リェン バン こアイ テイ		民主主義	民主主义 ミン チュー チュー イー		レンズ	镜头 チン ドウ
不況	萧条 シアオ テイアオ		明細書	清单 チン ダン		労働組合	工会 ゴン ホイ
福利厚生	福利 ブー リー		名刺入れ	名片夹 ミン ピェン チア		ローミング	漫游 マン ユー
物価	物价 ウー チア		メール	电子邮件 テイェン ツー ユー チェン		ロケット	火箭 ブォ チェン
不動産	房地产 ファン テイー チャン		メールアドレス	电子邮件地址 テイェン ツー ユー チェン テイー チー		わ	
赴任	赴任 ブー レン		メモリーカード	存储卡 ツン チュー がー		ワイシャツ	白衬衫 バイ チェン シャン
プリペイドカード	充值卡 チョン チー がー		モトローラ	摩托罗拉 モー トゥオ ルオ ラー		ワゴン車	面包车 ミェン バオ チョー

知っておこう

絵を見て話せる
タビトモ会話

ビジネス中国語 （中国語 + 日本語/英語）

絵を見て話せる
タビトモ会話

＜アジア＞
①韓国
②中国
③香港
④台湾
⑤タイ
⑥バリ島
⑦ベトナム
⑧フィリピン
⑨カンボジア
⑩マレーシア
⑪インドネシア
⑫ネパール
⑬ソウル
⑭バンコク
⑮上海

＜ヨーロッパ＞
①イタリア
②ドイツ
③フランス
④スペイン
⑤ロシア
⑥フィンランド
⑦スウェーデン
⑧ポルトガル

＜中近東＞
①トルコ
②エジプト

＜アメリカ＞
②カナダ

＜中南米＞
①ペルー

＜ビジネス＞
ビジネス中国語

●著者
水野通雄（みずのみちお）
1958年東京都生まれ。早稲田大学文学部卒。北京言語学院、北京大学へ留学。安田信託銀行北京駐在をへて、現在は大手保険会社シンクタンク研究員として勤務。中国関連の著書多数。

石 岩（SHI YAN）
中国国籍、吉林大学外国語学科卒業、東京大学大学院人文科学研究科留学、現中国と日本間の科学・文化交流事業に従事。

初版印刷	2010年3月15日
初版発行	2010年4月1日 （Apr.1, 2010, 1st edition）
編集人	上野光一
発行人	竹浪 譲
発行所	JTBパブリッシング
印刷所	JTB印刷

●企画／編集 …… 海外情報部
●著 …… 水野通雄
　　　　　石 岩
●翻訳／校正 …… オーフレンズ
●編集協力 …… 柴田麻里（リリーフ・システムズ）
　　　　　　　　小林朋子（なかの工房）
●表紙デザイン …… 高多 愛（Aleph Zero, inc.）
●本文デザイン …… Aleph Zero, inc.
●地図 …… ジェイ・マップ
●イラスト …… 廣瀬奈緒子／霧生さなえ
●マンガ …… 坂谷はるか
●組版 …… JTB印刷

●JTBパブリッシング
〒162-8446
東京都新宿区払方町25-5
編集：☎03-6888-7878
販売：☎03-6888-7893
広告：☎03-6888-7831
http://www.jtbpublishing.com/

●旅とおでかけ旬情報
http://rurubu.com/

JTBパブリッシング

禁無断転載・複製
ⒸJTB Publishing 2010 Printed in Japan
094472　758380　ISBN978-4-533-07852-1

タビ会話
758380